알파벳 파닉스
수업멘토링

알파벳 파닉스 수업멘토링

김소영·박희양 지음

S 시원스쿨닷컴

알파벳은 3학년때 다 떼는 것 아닌가요?

초등학교 영어 교과 선생님들을 대상으로 영어과 기초학력을 주제로 연수를 진행한 적이 있습니다. 모두들 최소 두 개 학년 이상에서 영어를 지도하고 계셨던 만큼 초등영어과 학습부진의 문제가 학년이 올라갈수록 어떤 모습으로 나타나는지를 매우 잘 알고 계셨고, 그 해결책을 찾고자 적극적이셨습니다. 기본적인 협의 이후, 자신이 지도하고 있는 학년 중 학습부진의 문제가 보다 심각하다고 느끼는 학년별로 모여서 학습부진 학생들에 대한 지도 노하우를 공유하기로 했습니다. 내심 3학년에 가장 많은 선생님들이 모이길 기대했습니다. 알파벳과 파닉스! 제가 가장 자신 있게 안내할 수 있는 영역이니까요.

제 바람과는 다르게 서른 여명의 선생님 중, 3학년 모둠에는 딱 두 분만이 계셨습니다. 고학년 중심으로 모여 앉은 선생님들의 수를 확인하며 잠깐이지만 심각하게 연수의 흐름을 고민했습니다. 그러나 그 고민은 정말 잠시일 뿐이었고, 저는 곧 나눠 주신 교실 속 이야기에 슬프지만 안도하였습니다. 6학년에 앉아 계시든, 5학년에 앉아 계시든, 선생님들이 토로하신 문제는 '아직까지 알파벳의 이름을 몰라요', '알파벳의 형태도 몰라요', '단어를 읽지 못해요', '영어 공책(사선 노트)에 알파벳을 쓸 줄 몰라요' 였기 때문이었습니다. 고학년 초등영어과 학습부진의 원인도 결국 알파벳에 있었습니다.

6학년인데 왜 아직도 단어 읽기가 안될까요?

　20년 동안 파닉스 연수를 진행하면서 교사와 학부모들로부터 영어 읽기 교수학습에 대한 다양한 이야기를 들었습니다. 최근에 새로운 추세가 나타나고 있는데, 초등학교 교사뿐만 아니라 중·고등학교 영어 교사들도 파닉스 교육에 관심을 갖는다는 것입니다. 저의 세미나에 참석한 한 선생님께서는 '초등학교에서 영어 읽기 교육이 어떻게 진행되길래 중학생이 영어 단어를 스스로 읽지 못하는 것인지 궁금하다'고 말씀하시며, 영어 학습에 어려움을 겪는 중·고등학생들을 위한 효과적인 해법을 찾고 싶다하셨습니다.

　우리나라 초등학생이 학교에서 영어 수업을 2~3년 정도 들으면 영어 읽기가 자연스럽게 가능해질 것이라고 말하는 사람들도 있습니다. 그러나 저는 한국 학생들이 영어 읽기를 어려워 하는 것이 지극히 당연하다고 생각합니다. 2022년 미국 국립문해력 성취도 검사 결과에 따르면 미국 4학년 초등학생 세 명 중 한 명이 읽기에 어려움을 겪는다고 합니다. 영어가 모국어인 학습자조차 제대로 읽지 못하는데, 어떻게 우리나라 학생들이 이를 쉽게 할 수 있을까요? 영어는 한글과 달리 문자 해독이 어렵습니다. 그러므로 알파벳의 이름과 소리가 다르다는 것, 철자-소리 대응관계, 음소를 식별하고 조합하는 원리를 분명하게 터득해야 합니다. 이러한 기본적인 지식을 3, 4학년 시기에 잘 지도 받은 학생들이 5, 6학년을 넘어 성인이 되어서도 영어를 자신 있게 사용할 수 있습니다.

영어 교사이자, 영어교육 박사이며, 엄마인 저자 두 명의
20년 알파벳 파닉스 수업 노하우를 담았습니다.

해마다 지도하는 학생들은 달라지지만, 여전히 알파벳 <b>와 <d>, <p>와 <q>
의 좌우 방향을 혼동하여 사용하는 아이들이 있습니다. /f/와 /z/ 발음을 어려워하고, /m/
과 /n/에 대한 발음 구분이 정확하지 않은 경우도 있습니다. 영어와 익숙해지기 시작하는
초등학교 3, 4학년 단계에서 이미 흥미를 잃어버려 영어 공부를 포기한 학생들도 교실에
존재합니다. 많은 영어 교재에서 제시하는 일반적인 교수학습 방법만으로는 다양한 흥미
와 발달단계를 보이는 학생들에게 알파벳과 파닉스를 효과적으로 가르칠 수 없습니다. 교
재만 따르는 수업은 자칫 재미없고 기계적인 규칙 암기가 되기 쉽기 때문입니다.

저희는 각자의 현장에서 20년 가까이 아동 학습자를 대상으로 영어를 지도해 온 베테
랑 교사입니다. 그와 동시에 초등학생 자녀를 교육하며 유아동이 인지, 언어, 사회문화,
정의적으로 어떻게 발달되는지 온 몸으로 경험한 엄마이기도 합니다. 여러 학생과 학부모
를 만난 현장의 경험에서 더 나아가 미세하게 관찰되는 학생들의 문제들을 해결하고자 영
어과 초기 문해력 발달에 관심을 갖고 집중 연구해오고 있습니다. 두 사람의 숙제와도 같
던 알파벳·파닉스 지도의 실마리를 찾기 위해 참석했던 연구 모임에서 이 책을 기획하게
되었습니다.

이 책은 크게 알파벳 수업과 파닉스 수업, 두 파트로 나누어 초등학생을 대상으로 영어 수업을 하고 계시는 선생님들의 수업 고민을 들여다보고 그에 대한 해법을 제시합니다. 먼저 💬알아볼까요에서는 수업 디자인의 기초가 되는 학습 이론을 소개하고, 🔍알려주세요를 통해 실제 교수 상황에서 맞닥뜨리게 되는 문제를 Q&A형식과 교실 상황에 대한 대화문을 통해서 풀어보았습니다. 다음 코너인 📚학습놀이에는 알파벳·파닉스 학습이 즐거우면서도 효과적일 수 있도록 직접 고안하거나 기존의 방법 중 엄선한 학습 활동 지도안을 담았습니다. 마지막으로 🔖알고 있나요에서는 수업을 준비하면서 놓치기 쉽지만 반드시 고려해야 하는 내용을 한번 더 정리하였습니다.

저희에게도 좌충우돌하던 시절이 있었습니다. 원어민 중심의 이론과 교수법을 그대로 가져와서 우리나라 학습자에게 적용하거나, 성인과 다른 아동 학습자에 대한 충분한 이해가 부족하던 시기였습니다. '지금 알고 있는 걸 그때 누군가 알려주었더라면' 하는 아쉬움이 있지만, 지금도 늦지 않았다고 믿습니다. 저희의 노하우를 담은 열한 개의 멘토링 세션이 선생님들의 알파벳·파닉스 수업에 조금이나마 도움이 되기를 바랍니다.

여러분의 알파벳·파닉스 멘토

김소영, 박희양 박사

김소영 박사로부터 드디어 책이 출간되게 되니 추천사를 부탁한다는 연락을 받았을 때, 누구보다 반가웠습니다. 이 책의 탄생과정을 오래전부터 가까이서 지켜 보아온 사람이기도 하고, 영어 기초문해력이 아직 준비 안 된 채 중학교에 진학하여 영어 부진의 늪에 빠져버리는 학생들에 대한 책무감을 느끼고 있었기 때문입니다.

저자께서 10년 전쯤 박사학위 논문 주제로 영어 부진 아동에 대한 연구를 하고 싶다고 저를 찾아왔을 때까지도 저 역시 영어학습 부진에 대한 근본 원인을 이해하지 못했었습니다. 다년간 초등 영어를 지도하면서 경험한 저자의 현장 사례 등을 듣게 되면서, 영어 학습부진을 연구하려면 그에 앞서 영어 기초문해력의 개념 정립과 정확한 진단이 무엇보다 절실하다는 판단을 하게 되었습니다. 2020년 오랜 연구 끝에 발표된 저자의 박사논문 결과 중 제게 가장 큰 놀라움을 준 것은 알파벳을 잘 식별하지 못하는 초등학생이 너무나 많다는 사실이었습니다. 파닉스 능력(음운 식별 능력) 역시 초등 성취기준에 못 미치는 학생이 예상보다 훨씬 많았습니다. 어린이집, 유치원 등 많은 사교육 프로그램에서 3-4세 아동부터 알파벳과 파닉스를 배워왔지만, 실상은 초등학교 5-6학년이 되어서도 영어 글자와 단어를 읽을 능력을 갖추지 못하고 있다는 사실이 드러난 것입니다. 조기 영어 사교육 광풍의 대한민국에서 이러한 모순된 결과가 나타난다는 것은 충격이 아닐 수 없습니다. 이는 인지적으로 학습할 준비가 안된 아동들에게 서둘러 지식을 주입했지만 학습에 실패했거나, 사교육 없이 공교육에서 영어를 시작했지만, 이미 어릴 때 다 학습한 것으로 치부해 버리고 기초 교육을 소홀히 다루었기 때문인 것으로 해석할 수 있습니다.

영어교육자인 우리들은 학생들의 나이에 상관없이 영어 기초문해력을 먼저 점검하고, 제대로 길러주는 것이 어휘, 문법 지도보다 선행되어야 함을 명심해야겠습니다. 김소영 박사의 노력으로 우리 영어교육의 문제점의 주요 원인 하나가 밝혀졌지만, 그 해결방안을 마련하는 것은 또한 쉽지 않았습니다. 이때 영국에서 이 분야를 전문적으로 공부하고 연구해 오신 공동저자 박희양 박사와의 만남은 최적의 콜라보레이션이었습니다. 제가 참여한 바 박희양 박사님의 파닉스 특강은 단순한 지도법 스킬이 아닌 학습과정에서 발생하는 어려움을 도와주는 학습자 중심의 현장 데이터로 가득하였습니다. 서로에게 날개를 달아준 두 분이 앞으로도 이 책을 시작으로 영어학습부진 현상을 개선할 실질적인 역할을 함께 해 주실 것으로 기대합니다. 부디 이 책을 보는 독자들께서 이 책과 더불어 기초문해력의 중요성을 인식하시고, 또한 두 저자의 수업 멘토링을 통해 배운 지도 노하우를 적극 활용하시기 바랍니다.

김혜영 | 중앙대학교 영어교육과 교수

박희양 박사는 파닉스 교수법과 학습지도 분야에서 외길을 걸어온 학자입니다. 제 영어교육 멘토로, 초등 영어 교육 전문성을 향상시키기 위한 지속적인 배움을 촉진하는 교육자입니다.

특히, 저자는 공교육에서 영어 교육이 나아가야 할 방향과 영어 교육 격차를 완화하기 위한 실천을 주도하는 교육 전문가입니다. 초등학교 영어 수업 지도에 대한 어려움을 현장 교사들과 함께 고민하고, 이주 배경이 다양한 학생들과 영어 학습에 어려움을 겪는 아이들을 직접 지도하며 교육 공동체와 함께 모니터링하는 협업을 선도하고 있습니다. 저자의 학문적 열정과 영어 공교육 경쟁력 제고에 대한 의지는 교육을 평생 업으로 하는 저에게 가르침과 영감을 주었습니다.

이 책은 파닉스 지도서 부족으로 목말라 있는 교원들에게 오아시스 같은 소식이며, 영어 기초 학력 정착을 위한 학문적인 업적이 될 것입니다. 저자는 이 책을 통해 지금까지 자신이 연구하고 학습한 지식을 고유의 논리로 현장 교원들과 공유하며, 모든 아이의 영어 교육 출발점을 동등하게 지원하려는 의지와 가치관을 전파하고 있습니다. 그리고 미래 사회를 대비한 교육 대전환을 위해 우리 교원들이 성장의 사고방식으로 인식 변화를 가져와야 함을 강조하고 있습니다.

부디 본 안내서가 우리나라 공교육에서 파닉스 교수법에 큰 획을 긋는 시발점이 되었으면 합니다.

위형신 | 전라남도교육청교육연수원 교육연구관

여기, 공부에 어려움을 겪지 않길 바라는 엄마의 마음으로,

배움이 즐겁고 행복하기를 바라는 교사의 마음으로,

영어를 더 쉽게 만나기를 바라는 영어교육 전문가의 마음으로

아이들이 영어로 인해 좌절하지 않기를 바라는 소망을 담아 펴낸 책이 있습니다.

글자는 멀지 않은 과거에 만들어진 인류의 발명품입니다.

글자를 읽고 쓰는 것은 뇌의 여러 부위를 활용해야 하는 작업으로

아직은 성장 중인 아이들이기에 누군가에게는 당연히 어려움을 겪을 수 있는 도구입니다.

이 책의 흐름인 감정은 학습에 지대한 영향을 준다는 것을 바탕으로,

활동은 즐거운 배움을 돕는다는 것을 전제로,

관찰은 모든 학습의 기초 학습력이며,

배우고 익히는 학습의 의미에 맞춰 즐겁게 연습하고 피드백으로 다지는

차근차근한 과정을 따라가다 보면 영어를 배우러 가는 발걸음이 가볍고

활기찬 아이들을 많이 만날 수 있을 것이라 기대하게 됩니다.

책을 만나는 내내 아이들을 사랑하는 선생님들의 마음도 함께 만날 수 있었습니다.

재미도 챙기고 전문성도 놓치지 않았는데다 쉽게 이해되며 읽히는

좋은 책을 펴내신 두 분 선생님께 깊이 감사드립니다.

윤수경 | 서울초등기초학력연구회 회장 겸 서울발산초등학교 수석교사

이 책의 구성

알아볼까요

Mentoring Session: Key Concepts

성공적인 알파벳·파닉스 지도의 기초가 되는 11가지 전략을 소개하고, 각 전략을 뒷받침하는 배경 이론과 핵심 개념을 정리하는 코너

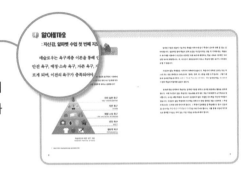

알려주세요

Mentoring Session: Q&A

초등학교 영어 수업 중 실제 있을 법한 교사와 학생의 대화를 통해 알파벳·파닉스 지도 시 발생하는 의문과 고민에 해답을 제시하는 코너

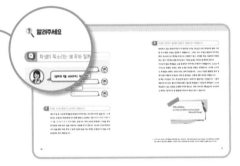

학습놀이

Mentoring Session: Lesson Plans

즐거움이 가득한 교실에서는 배움이 저절로 일어난다! 우리반 영어수업에 바로 적용할 수 있는 45가지 알파벳·파닉스 교수-학습 활동 지도안

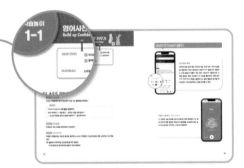

알고 있나요

After-Session: Did You Know

한단계 더 나아간 영어 수업을 디자인하는데 꼭 필요한, 알아두면 쓸데가 많은 교육학 지식 코너

넘어가기 전에 잠깐!

'학습놀이'란 무엇인가요?

우리 책은 알파벳과 파닉스 지도를 위한 다양한 활동을 [학습놀이]로 표현합니다. 이러한 교육 게임 활동이 단순히 재미로 기억되는 놀이가 아니라 학습적으로 유의미한 놀이가 되기를 바라기 때문입니다. 학습자에게 필요한 것은 의미 있는 활동입니다. 활동을 마친 후에 아이들의 기억 속에 '어떤 게임을 했다'보다 '무엇을 연습했다'가 남도록 해야 합니다.

흥미롭기만 한 교육 게임 활동은 종종 교사의 의도와는 다르게 학생들이 학습의 본래 목적에서 멀어지게 만듭니다. 그 원인 중 하나는 학생이 활동에 열심히 참여할수록 승패에 초점을 두게 만드는 게임의 구조적 장치에 있습니다. 따라서 우리 책의 학습놀이에서는 점수를 강조하지 않습니다. 점수가 부각되면 어느새 주객이 전도되기 때문입니다. 점수에 대한 과열로 그 학습놀이를 하고 있는 목적과 의미가 흐려지지 않도록 해야 합니다. 이는 알파벳 지도를 위한 학습놀이, 파닉스 지도를 위한 학습놀이에서 모두 동일합니다.

선생님의 영어 수업 시간 중에 가장 많이 말하는 사람은 누구인가요? 또 가장 많이 움직이는 사람은 누구인가요? 배움은 교사가 아닌 학생의 몫이어야 합니다. 알파벳 지도부터 시작하는 이 책에 흥미를 느낀 선생님께서는 분명 영어 학습의 시작 단계에 있는 학습자 또는 영어 학습에 대한 느린 학습자를 접하고 계신 분일 것입니다. 이 책을 잘 활용하셔서 나의 영어 교실에서 아이들을 마주하는 첫 만남, 첫 번째 수업시간부터 영어 수업에 대한 기대감과 흥미를 심어 주시기 바랍니다.

ESL English as a Second Language 환경도 아닌 우리나라에서, 학습자의 마음가짐은 영어 학습에 있어 매우 강력한 동기가 되기 때문입니다.

" You can lead a horse to water,
but you can't make it drink. "

Part 1 알파벳 수업 멘토링

Part 2　파닉스 수업 멘토링

Part 1
알파벳 수업 멘토링

ABCDE GHIJ KLM

NOPQ RSTUV WXYZ

무시할 수 없는
영어 학습의 기반, 알파벳 ABC

'영어'라는 단어를 들으면 무엇이 떠오르세요?

ABC부터 생각나지 않으셨나요? 많은 사람들이 영어와 ABC를 연결하여 생각하곤 합니다. 이 책에서는 성공하는 영어 지도의 첫걸음으로 ABC, 즉 알파벳에 대한 이해부터 시작하려고 합니다.

알파벳은 음소문자音素文字를 의미합니다. 음소문자란 문자 하나하나가 원칙적으로 하나의 자음 또는 모음의 음소[1]가 되는 문자 체계입니다. 한마디로 자음에 해당하는 문자와 모음에 해당하는 문자가 각각 존재함을 뜻합니다. 한글도 영어와 마찬가지로 음소문자입니다. 그래서 한글의 자음과 모음 문자를 Korean alphabet이라고 부르지요.

---

1 영어로는 phoneme. 더 이상 나눌 수 없는 음운론상의 최소 소리 단위. 영어/잉어, 가지/바지, cat/bat 등과 같이 음소가 바뀌면 뜻이 다른 단어가 된다.

알파벳을 안다는 것은 알파벳 문자 각각의 이름, 형태, 소리를 모두 아는 것입니다. 덧붙여서 알파벳의 위치까지 정확히 인지하고 쓸 수 있으면 알파벳에 대한 기본 지식은 갖춰진 셈입니다.

알파벳을 아는 것은 영어 학습의 깊이와도 관련이 있습니다. 언어 학습은 음성 언어에서 출발하지만, 체계적 교육의 시작과 함께 더 폭 넓은 정보를 제공하기 위한 수단으로 문자 언어가 도입되기 때문입니다. 그리고 학습의 진행과 심화 속에서 문자 언어가 차지하는 비율은 증가합니다. 이러한 이유로 영어 학습에 있어 알파벳 지식은 매우 중요하며, 알파벳 지식 기반이 안정적인 학습자만이 문자 언어로 된 정보를 문제없이 이해할 수 있습니다.

미취학 시기	초등학교 시기	평생
읽기 위한 학습 Learning to read	**전 환** Transitioning	**학습을 위한 읽기** Reading to Learn

오리건 대학교(n.d.)에 따른 교육의 진행과 읽기 목적의 전환 과정[2]

---

2 읽기 학습의 진행 과정을 도식화한 표. '학습을 위한 읽기'는 '읽기 위한 학습'을 토대로 한다. 알파벳 지식과 파닉스 기능은 바로 '읽기 위한 학습' 단계에서 습득되어야 하는 기능이다.

알파벳 학습은 '문자를 잘 쓰고 외우는 것' 그 자체가 목적이 아닙니다. 습득된 알파벳 지식을 바탕으로 복합적인 학습을 가능케 하는 데에 그 목적이 있습니다. 알파벳 문자 각각의 이름, 형태, 소리, 위치를 아는 학습자만이 문자에 대해 일관성 있게 이해하고 사용할 수 있습니다. 파닉스 기능으로 예를 들어 보겠습니다. 학생이 한 단어를 읽으려고 한다면 주어진 문자와 연결되는 소리를 기억해내어 그 단어를 읽어야 하는데, 같은 문자를 매번 다른 이름으로 말하고 다른 소릿값으로 읽어낸다면 그 다음 단계로 학습 진행이 어려울 것 입니다. 우리가 어린 시절 한글을 배우면서 열심히 받아쓰기 공부를 하고 시험을 봤던 이유도 같은 맥락입니다. 소리와 문자에 대한 일관성 있는 연결, 곧 알파벳 문자 26개를 온전히 아는 것이 결국 성공적인 영어 읽기 쓰기를 가능하게 합니다.

알파벳 지도의 어려움은 어디서 기인할까요? 먼저 음성 언어와 달리 문자 언어 학습은 받아쓰기처럼 학습자의 의식적인 노력을 요구한다는 점을 생각해 볼 수 있습니다. 알파벳을 습득한다는 것이 단순히 알파벳의 이름, 형태, 소리, 위치에 대한 지식의 합을 의미하지 않는다는 사실을 교수자가 놓치고 있는 경우에도 어려움이 발생합니다. 또, 한국의 영어 학습 환경은 듣기부터 출발하는 영어 모국어 환경이 아니라는 점도 영향을 주는 요인이 될 수 있습니다.

지금부터 알파벳 지식 기반을 어떻게 하면 촘촘하게 다질 수 있는지 성공하는 알파벳 지도법과 각 단계별 학습놀이를 소개합니다.

Chapter 05
학습결과물 점검

Chapter 04
연습

Chapter 03
관찰

Chapter 02
Hear vs. Listen

Chapter 01
자신감

자신감

💬 **알아볼까요**

자신감, 알파벳 수업 첫 번째 지도 요소

매슬로우는 욕구계층 이론을 통해 인간은 가장 낮은 단계인 생리적 욕구부터 시작하여 안전 욕구, 애정·소속 욕구, 자존 욕구, 자아실현의 욕구까지 총 다섯 개의 욕구 단계에 머무르게 되며, 이전의 욕구가 충족되어야 다음 단계의 욕구를 경험하게 된다고 설명하였습니다[1].

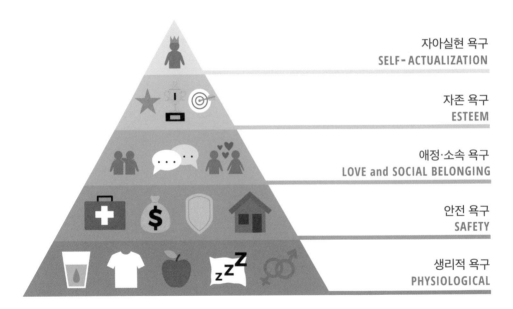

매슬로우에 따른 욕구 계층
Maslow's Hierarchy of Needs

---

1 https://www.simplypsychology.org/maslow.html

알파벳 수업의 내용과 기술적인 측면을 다루기에 앞서 학생의 심리에 대해 잘 알고 있어야 합니다. 성공적인 영어 학습의 전제 조건은 자신감이라는 것을 꼭 기억하세요. 매슬로우 욕구계층 이론에서 자신감은 4단계인 자존 욕구에 해당하고, 학습 의욕은 5단계인 자아실현 욕구에 해당합니다. 즉, 자신감이 뒷받침되어야 비로소 학습에 대한 욕구가 시작된다고 할 수 있습니다.

자신감이 없는 학생들은 시작부터 위축되어 있습니다. 학습자의 위축된 심리는 작은 목소리 또는 낮은 참여도로 나타납니다. 영어는 언어, 즉 소통을 위한 도구입니다. 그렇기 때문에 알파벳 학습에서부터 소통이 가능한 목소리로 참여하는 것이 알파벳 학습, 더 나아가서 영어 학습의 바람직한 습관이 됩니다.

알파벳 학습 단계에서 학습자는 알파벳 이름을 말하고 음가를 발음하는 활동을 접하게 됩니다. 이때 자신감이 없는 학습자는 목소리를 크게 내는 것을 두려워하여 소극적으로 참여합니다. 교사는 해당 학생의 목소리가 잘 들리지 않아 적절한 피드백을 주는데 어려움이 있습니다. 자신감이 없는 학생에게 피드백을 위해 다시 한번 발화할 것을 요청하면 그 학생의 목소리는 오히려 더욱 작아지게 됩니다. 그 학생이 알파벳을 잘 학습 할 수 있을까요? 교수자는 학습에 앞서 학생들의 자신감을 키워 주어야 합니다. 이를 통해 수업에 적극적으로 참여할 수 있고, 의미 있는 수업 시간을 보내도록 해야 합니다.

🔍 알려주세요

Q 학생의 목소리는 왜 작아 질까요?

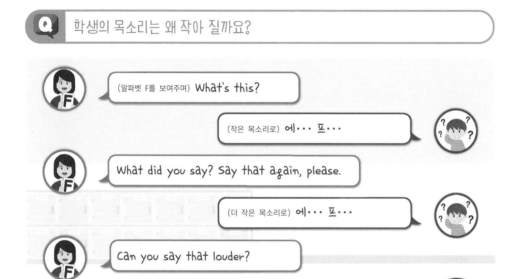

(알파벳 F를 보여주며) What's this?

(작은 목소리로) 에··· 프···

What did you say? Say that again, please.

(더 작은 목소리로) 에··· 프···

Can you say that louder?

···.

A 학생은 자신이 틀렸다고 생각하기 때문입니다.

영어 수업 첫 시간에 학생들에게 알려 주어야 하는 규칙 몇 가지가 있습니다. 그 중 하나는 선생님이 학생에게 다시 말해 달라고 요청하는 것은 학생이 틀렸기 때문이 아니라, 선생님이 듣지 못해서라는 점입니다. 특히 온라인 환경에서 수업을 한다면 더더욱 위와 같은 점을 미리미리 강조해 두어야 합니다. 모니터 너머의 학생이 이미 입을 닫아 버린 후에 그 닫힌 마음과 입을 여는 데에는 더 많은 노력을 들여야 하기 때문입니다.

담당하고 있는 학급에 학생 수가 많다면 교사는 매 순간 모든 학생에게 발화 기회를 주고 발화 내용을 점검하기 어렵습니다. 그러다 보니 수업은 발표에 적극적인 학생, 목소리가 큰 학생을 중심으로 진행되기 쉽고, 언어를 직접 사용하며 익혀야 하는 영어 시간에도 발표 한 번 없이 시간만 보내는 학생이 존재하게 됩니다.

자신감이 없는 학생들은 교실 환경에서 적극적인 주체이기 어렵습니다. 스스로 적극적으로 말해본 경험도, 발화 요청을 받아본 경험도 부족합니다. 이처럼 소극적인 학생들은 말하는 것보다 듣는 것에 익숙합니다. 그리고 수업의 활발한 참여 경험이 없기 때문에 선생님이 여러 번 물어보는 상황에 대한 대처도 어렵습니다.

문제는 자신감은 어느 한 순간에 갑자기 길러지지 않는다는 사실입니다. 그렇기 때문에 교수자는 별도의 학습지원이 필요한 학생들이 시공간의 제약없이 스스로 학습할 수 있는 방법을 안내해 주어야 합니다. 이어지는 [학습놀이] 코너에서 소개하는 '영어사전 앱' 활용법이 하나의 방안이 될 수 있습니다.

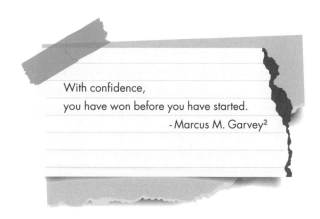

> With confidence,
> you have won before you have started.
> - Marcus M. Garvey[2]

---

2 마커스 가비. 흑인의 인권 회복을 위해 노력한 흑인 지도자이다. 마틴 루터 킹(Martin Luther King)은 그에 대해 처음으로 대중운동을 이끌어간 흑인이라고 평하였다. 아프리카, 유럽, 카리브해 등지와 미국에는 마커스의 이름을 딴 건물과 도로 등이 있다.

영어사전 앱으로 자신감 키우기
Build up Confidence with English Dictionary App

OBJECTIVES			
	☑ 자신감	☑ 듣기에 대한 집중	☑ 알파벳 이름
	☑ 알파벳 소리	☑ 알파벳 형태	☐ 알파벳 위치

MATERIALS 스마트폰 또는 태블릿PC, 네이버 영어사전 앱

IN-CLASS PROCEDURE

STEP 1 앱 설치

개인 기기에 네이버 영어사전 앱을 설치한다.

STEP 2 기능 탐색

교사는 학생들에게 영어사전 앱의 녹음 기능 활용법을 알려준다.

> **Point**
>
> **Naver Dictionary로 발음 연습하기**
> 단어 검색하기 → 발음 듣기 → 들리는 발음 따라 말하기
> → [Speak] 버튼을 눌러 자신의 발음 녹음하기 → 결과 확인하기

STEP 3 학생 활동

학생들은 앱에 학습 목표 어휘를 입력하고 발음을 연습한다.

STEP 4 교사 피드백

학생들은 어휘별 학습 과정과 결과를 공유하고, 교사는 자신감을 위한 긍정적인 피드백을 준다.

예 발음하기 꽤 어려운 단어인데 잘 따라 했네요.
  이 단어는 발음이 자연스럽네요.

28

NAVER DICTIONARY 살펴보기

검색 결과 화면

단어에 대한 뜻과 해당 단어에 대한 세계 여러 나라의 발음을 제공한다. 특히, 영어권의 사전dictionary 출판사가 제공하는 표준 발음과 더불어 개인 영어 사용자가 자발적으로 녹음한 발음도 확인 가능하다. 이 기능을 활용하여 '세계 영어 World Englishes'의 개념을 설명하거나, 발화 활동에 참여할 때 자신감이 가장 중요하다는 것을 강조할 수 있다.

〈발음 녹음하기〉 입장 화면

단어 검색 결과 화면에서 😀 Speak 을 누르면 다음과 같이 〈발음 녹음하기〉 기능으로 화면이 전환된다. 단어 아래에 위치한 스피커 아이콘을 누르면 해당 단어의 표준 발음을 들을 수 있고, 화면 하단의 마이크 아이콘을 누르면 학습자의 발음을 녹음할 수 있다.

---

3 네이버 영어사전 앱 구성과 기능에 대한 설명은 Version 2.9.4을 토대로 작성되었다. 추후 앱이 업데이트 됨에 따라 세부적인 화면 구성과 기능이 달라질 수 있다.

〈발음 녹음하기〉 결과 화면
Version 2.9.4에 탑재된 〈발음 녹음하기〉의 경우, 녹음 결과를 별 점수와 함께 'Perfect', 'Good', 'Try Again!'과 같은 간단한 평어로 제공한다. 또한 단어 내에서 발음이 부정확한 부분을 별도의 색상으로 강조하여 제시함으로써 연습이 필요한 부분을 시각적으로 안내한다는 특징이 있다.

    네이버 사전 앱의 〈발음 녹음하기〉 기능을 활용해 본 경험상, 제시되는 분석 결과가 항상 일관적이었다고 볼 수는 없다. 그러나 학습자의 발음 결과물에 대한 시각적이고 즉각적인 피드백은 마치 게임 속 보상 체계와 같은 역할을 하여 학생들이 목표 발음을 들을 때 그리고 스스로 발화할 때 집중할 수 있는 계기를 제공한다. 한편, 기술의 발전과 지속적인 앱 업데이트를 통해 음성 분석 결과의 정확도가 향상되고 더 다채로운 영어 학습 서비스가 제공될 것으로 기대된다. 예를 들어 네이버 사전 앱이 제공하는 Accentia라는 서비스는 문장 단위의 녹음과 회화 연습까지 제공한다.

    영어사전 앱을 활용하는 것은 자신감과 더불어 학습에 대한 자기주도학습 기회를 제공하는 한 방법이다. 한편 자신감은 정의적인 영역에 속하는 만큼, 학습을 진행할 때 느린 학습자의 자신감과 용기를 북돋아주는 교사의 노하우를 함께 활용해야 한다.

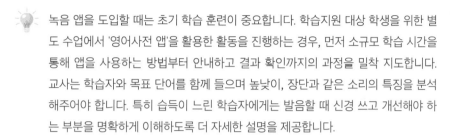

녹음 앱을 도입할 때는 초기 학습 훈련이 중요합니다. 학습지원 대상 학생을 위한 별도 수업에서 '영어사전 앱'을 활용한 활동을 진행하는 경우, 먼저 소규모 학습 시간을 통해 앱을 사용하는 방법부터 안내하고 결과 확인까지의 과정을 밀착 지도합니다. 교사는 학습자와 목표 단어를 함께 들으며 높낮이, 장단과 같은 소리의 특징을 분석해주어야 합니다. 특히 습득이 느린 학습자에게는 발음할 때 신경 쓰고 개선해야 하는 부분을 명확하게 이해하도록 더 자세한 설명을 제공합니다.

다수의 학습자가 같은 공간을 공유한다면, 학습자 사이에 소리 간섭을 최소화할 수 있는 방안을 모색해야 합니다. 가림판을 사용하거나 학습자 간 거리를 조정해 주세요.

학생 개인 휴대 장치에 녹음 앱을 설치하여 수업 밖에서도 활용하도록 격려합니다. 이때 녹음 결과 제출과 공유를 위한 온라인 플랫폼을 추가로 활용하면, 학습자는 수업 외 시공간에서도 연속적인 자기주도 학습이 가능해집니다. 교사는 누적된 결과물을 통해 학습자의 발달 과정을 파악하고, 활동 모습과 결과에 대한 긍정적인 피드백을 제공함으로써 학습자의 영어 자신감이 직간접적으로 상승할 수 있도록 지원합니다.

네이버 영어사전 앱 이외에도 다음Daum, 옥스포드Oxford, 메리엄-웹스터Merriam-Webster, 구글 번역기Google Translator 또한 영어학습에 활용할 수 있는 다양한 기능을 제공합니다. 담당하고 있는 학습자에게 적합한 기능을 탐색하여 나만의 학습놀이를 만들어 보세요.

세계 영어
World Englishes

영어를 뜻하는 English를 Englishes로 적다니, 편집 중 뭔가 착오가 있었던 걸까요?

아닙니다. 여기서 쓰인 복수형태의 Englishes는 이제 영어에 대한 기준은 하나가 아니라는 의미를 담은 표현입니다.

세계 영어, World Englishes는 영어를 바라보는 새로운 시각입니다. '세계'라는 표현에서 추측할 수 있듯이, 영·미국식 영어만을 영어 발음과 용법의 절대 기준으로 삼았던 시각에서 벗어나 다양한 사회·문화 배경과 특성에 따라 변이되고 발달된 '영어들' 또한 영어의 한 종류로 받아들임을 시사합니다. 즉, 영어라는 언어에 대한 기존 개념을 확장한 것이지요.

영어 사전 앱에서 다양한 영어권 화자의 발음을 제공하는 것은 이러한 흐름이 반영된 것으로 볼 수 있습니다. 이제 발음은 '좋고 나쁨'이 아니라 '다르다', 즉 다양성의 개념으로 접근해야 합니다.

영어 학습에 자신감이 없는 학습자 상당수는 자신의 발음부터 자신이 없습니다. 영어 사전 앱을 활용할 때에는 반드시 이러한 편견에서부터 벗어나도록 지도하는 과정이 필요합니다. 검색한 단어에 대한 다양한 영어 화자의 발음을 함께 들어보면서 의사소통에 필요한 것은 미국 영어, 영국 영어식의 발음이 아니라, 참여하려는 의지와 정확한 조음이라는 점을 알려줄 필요가 있습니다.

World Englishes

Chapter 02 Hear vs. Listen

💬 알아볼까요

Listening, 학습에 필요한 듣기 태도

모든 학습에서 그러하듯이 알파벳 학습이 성공하려면 학습자의 집중하는 학습 태도가 필요합니다. 학습자는 교사가 제시하는 알파벳 이름, 모음/자음소리와 같은 듣기 자극을 생각하며 들으려 해야 합니다. 교사가 아무리 정확한 발음으로 소리의 차이를 전달하려고 한들 학습자가 적극적으로 수업 내용에 귀 기울이지 않는다면 의미 있는 학습은 일어나기 어렵습니다. 학습을 잘하고 못하고는 먼저 학습자가 listening을 시작한 후에 확인할 수 있는 영역입니다.

우리말에서 hear와 listen은 모두 '듣다'로 해석되지만 영어에서는 다른 개념으로 구분해서 사용합니다. 먼저 hear는 소리를 듣고 있는 주체의 의지와 상관없이 귀가 소리를 인지

한다는 뜻을 지닙니다. 난청^{hearing loss}과 보청기^{hearing aid}에 hear가 사용되고, 기절했다 깨어난 사람에게 'Can you hear me?'라고 묻는 것처럼 hear는 귀의 소리를 듣는 기능과 관련이 있습니다.

반면에 listen은 듣고자 하는 소리에 대한 청자의 집중^{attention}과 이해를 위한 노력까지 포함합니다. 선생님이 수업 중 다른 생각을 하고 있는 듯한 학습자에게 듣고 있는지 물을 때 listen을 사용해서 'Are you listening to me?'라고 묻는 이유도 여기에 있습니다. 이렇듯 listen은 방향성을 가지며 위 예시에서 you가 들어야 하는 방향은 to me, 즉, 선생님을 가리킵니다.

	\<Oxford Dictionary\>	\<Merriam-Webster\>
hear	to be aware of sounds with your ears	to perceive or become aware of by the ear
listen	to pay attention to somebody or something that you can hear	to pay attention to sound; to hear something with thoughtful attention

Hear과 listen 두 단어를 옥스포드 사전과 메리엄-웹스터 사전에서 살펴보세요. 두 사전 모두 listen에는 '주의를 기울이다'라는 attention을 포함하여 학습자의 의지적인 사고 작용까지 내포한 행위로 정의하고 있습니다.

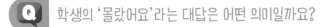 알려주세요

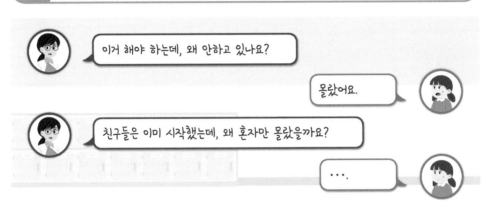

Q 학생의 '몰랐어요'라는 대답은 어떤 의미일까요?

> 이거 해야 하는데, 왜 안하고 있나요?

> 몰랐어요.

> 친구들은 이미 시작했는데, 왜 혼자만 몰랐을까요?

> ....

A 학생의 '몰랐어요'는 '듣지 않았어요'를 의미합니다.

과제가 주어졌을 때 자신이 무엇을 해야 하는지 모르는 학습자는 교사의 설명을 듣지 않고 있었을 가능성이 높습니다. 이러한 학습자는 과제에 있어 시작이 느리거나 아예 시도조차 하지 않기도 합니다. 그렇기 때문에 해당 과제에 대한 성취 수준 또한 보장할 수 없게 됩니다.

앞서 살펴본 것과 같이 '듣는다'는 것은 상황에 '집중하고 있다'는 것입니다. 학습자는 집중하여 들어야만 내 주변에서 일어나는 일(방금 선생님이 무엇을 말씀하셨는지, 같은 모둠 친구가 어떤 의견을 이야기 했는지 등)을 적극적으로 인지하고 그에 알맞은 반응을 보일 수 있습니다. 따라서 학습결과의 악순환을 방지하려면 제대로 된 듣기, listening부터 시작해야 합니다.

한편, 교사는 학습자의 발달 단계와 개인적 특성을 고려하여 listening을 기대해야 합니다. 예를 들어, 저학년 학습자에게 한 번에 긴 집중시간이 필요한 학습을 요구한다면 listening은 당연히 어려울 것입니다. 이 경우에는 다양한 활동 형태를 제공하면서 학습자가 수용할 수 있는 범위 내에서 집중을 유도할 필요가 있습니다. 또한 기타 요인에 의해 기능적으로 집중이 어려운 상태의 학습자인지를 파악해 볼 필요도 있습니다.

Q 영어 지도법에 '집중듣기'라는 표현이 있던데, listen과 같은 개념인가요?

A '집중듣기'는 read along with audio를 지칭하는 다른 개념입니다.

흔히 말하는 '집중듣기'는 지문을 읽어주는 음원을 들으면서 학습자가 해당 내용을 짚어가며 따라가는 활동을 의미합니다. 단어에 대해 어느 정도의 기본이 갖춰진 학습자라면 집중듣기 활동을 통해 듣기 및 읽기 능력을 기를 수 있습니다. 학습자에 따라 집중듣기로 파닉스 규칙을 터득하고 발음을 교정하기도 합니다. 앞서 소개한 영어사전 앱 활용방안도 집중듣기에 해당하는 학습놀이로 볼 수 있습니다.

Hearing is a listening to what is said.
Listening is hearing what isn't said.
- Simon Sinek [1]

---

1 사이먼 시넥. 미국 작가이자 연설가로 리더십과 영감inspiration에 대한 긍정적인 주제를 주로 다뤘다.

그대로 멈춰라
Stop Right There

OBJECTIVES			
	☑ 자신감	☑ 듣기에 대한 집중	☐ 알파벳 이름
	☐ 알파벳 소리	☐ 알파벳 형태	☐ 알파벳 위치

*노래의 성격에 따라 알파벳 이름과 알파벳 소리 학습에까지 목표 확장 가능

MATERIALS 학습자의 수준과 이동 활동에 적합한 노래

IN-CLASS PROCEDURE

STEP 1 노래 연습

학습자는 앉은 자리에서 다음과 같이 노래를 익힌다.

① 노래의 음과 가사를 생각하며 듣는다. 필요시 여러 차례 듣는다.

② 가사를 따라 부른다. 필요시 여러 차례 연습한다.

③ 노래에 알맞은 동작을 익히거나 정한다.

STEP 2 동작 연습

학습자는 자기 자리에서만 일어서서 노래를 부르고 동작을 연습한다.

STEP 3 활동 규칙 약속

활동 중 서로 지켜야 할 규칙을 정하고, 약속한 내용을 자기 자리에서 연습한다.

✓ 노래에 맞춰 교실 책상 사이사이를 행진하듯 걷거나 춤추면서 이동하기

✓ 알파벳이 반복되는 부분에서는 모든 움직임을 멈춘 [얼음] 상태를 유지하며 큰 소리로 알파벳 이름을 따라 부르기

✓ [얼음] 구간이 끝나면 다시 행진 또는 춤추며 이동하기

✓ 친구와 부딪힐 듯하다면 재빠르게 방향을 회전하기

> **Point**
>
> 노래가 멈추면 [얼음]을 하도록 하는 약속은 학습자가 듣기 자극에 집중하도록 유도할 뿐 아니라 활동에 대한 재미를 불어넣는다. 이러한 흥미 요소를 통해 노래를 부르는 학습자의 목소리와 자신감도 점차 커질 수 있으므로 이후 모든 노래 활동에 [얼음]을 기본 활동 규칙으로 포함하는 것을 권장한다.

STEP 4 활동 시작

학습자는 약속에 따라 교실을 돌아다니면서 학습놀이에 참여한다.

SAMPLE LESSON

 Marching Aa and Bb 　　 Dancing Cc and Dd

YBM Kinder의 'Alphabet Song'²은 전체 알파벳에 대해 시리즈로 제작되어 있다. 이 노래 시리즈를 활용하여 알파벳 이름을 습득할 수 있는 학습놀이로 발전 시킬 수 있다.

T 자, 여러분 오늘 우리는 알파벳 노래를 하나 배우고, 그 노래에 맞춰 재미있는 활동을 해볼 거예요.

Ss 와, 신나요!

T STEP 1 ① 노래 음과 키워드 익히기
먼저 모두 앉은 자리에서 노래를 듣고 연습해 볼까요? (노래의 음과 함께 marching행진하다/ dancing춤추다의 의미를 익힌다.)

The A's go marching.

Ss (노래를 흥얼 거린다.)

T STEP 1 ② 가사 익히기
노래 가사가 반복되어서 잘 따라 할 수 있겠죠? 음을 붙여 노래를 부르기 전에 가사를 먼저 크게 읽어 봅시다.

The C's go dancing.

Ss (수준에 따라 전체 노래 가사 또는 알파벳이 반복되는 부분만을 따라 읽는다.)

T STEP 1 ③ 다음과 같이 동작을 약속하기
다들 잘 읽어 주었어요. 다음은 가사에 어울리는 동작을 함께 정해 볼게요.

S1 Marching 할 때는 병사가 행진하는 것처럼 걸어요.

S2 Dancing 할 때는 고양이 발처럼 손을 주먹쥐고 춤춰요.

T STEP 2 동작 연습
좋습니다. 이제는 자기 자리에서 일어나서 동작을 연습해 볼까요?
이동하지는 않아요. 노래도 같이 크게 불러봅시다.

Ss (일어서서 노래를 부르며 약속한 동작을 연습한다.)

---

2 이미지 출처: YBM Kinder YouTube

T **STEP 3** 활동 규칙 약속

Well done! Let's sing and dance, kiddo! When the music stops, please come to a stop.
Stop moving and stop singing. Don't even close your eyes. Don't even smile a smile.

Ss Okay!

T **STEP 4** 활동 시작

Let the music begin!

Ss (노래를 부르며 교실 안에서 움직이기 시작한다.)

T (적당한 시점에 노래를 멈추며) FREEZE!³ / Stop right there! / Come to a stop!

Ss (노래와 움직임을 멈추고 [얼음]을 한다.)

Ss (선생님이 다시 노래를 틀어주면 즐겁게 노래를 부르며 활동을 이어간다.)

---

3 흔히 외국 영화에서 경찰관이 범인을 마주쳤을 때 사용하는 것을 들을 수 있는데 이 경우 'Don't move!'를 뜻한다. 사전에 학생들
에게 이 의미를 설명하고 활동 지도에 사용해 보기 바란다.

첫 수업 시간부터 노래와 움직임이 포함된 학습놀이를 통하여 영어 수업에 대한 흥미와 기대감을 부여하고 동시에 수업 규칙을 안내할 것을 추천합니다. 특히 학습자의 연령이 낮을수록 집중 유지 시간이 짧기 때문에 앉아서 일방적으로 교사의 설명을 듣는 방식의 규칙 안내와 수업 구성은 적합하지 않습니다.

알파벳 이름을 정확히 익히지 못한 학습자는 학습 요소(입모양을 주의해야 하는 Gg 등)보다 놀이 요소(음악과 함께 하는 움직임)에만 초점을 두게 될 가능성이 높습니다. 알파벳 노래를 사용할 때는 학습자의 출발점 상태를 고려하여 학습 요소를 먼저 충실히 지도할 필요가 있습니다.

활동을 위하여 노래를 지도할 때는 항상 일정한 단계에 따라 지도하여 학습자가 학습 패턴을 예상할 수 있도록 도와야 합니다. 예를 들어, 처음에는 **앉은 자리**에서, 그 다음에는 **자기 자리에서 일어나** 익히는 단계를 통해 노래와 동작을 충분히 연습하도록 유도합니다. 그 후에 교실 전체 공간을 활용해야 학습자가 움직임 활동에만 열중하는 주객전도의 상황을 예방할 수 있습니다.

학습자의 연령이 낮을수록 노래와 움직임이 함께 하는 수업을 좋아하지만, 제한없이 자유롭게 움직이도록 허용하면 안전사고가 일어날 가능성이 높습니다. 따라서 활동 전 학생들의 움직임, 움직일 공간, 움직이는 방향 등을 미리 약속하고, 친구들과 불필요한 접촉이 없도록 책상을 원형으로 배치하는 등 교수 공간을 재구성하여 운영합니다.

단어/문장 수준의 노래에서도 본 학습놀이를 응용할 수 있습니다. 콘서트장의 가수와 관객처럼 교사가 노래를 일시정지하면 학습자가 이후 가사를 이어서 부르는 방식으로 진행합니다.

속삭여서 전달해요
Whispering Game

OBJECTIVES		
☐ 자신감	☑ 듣기에 대한 집중	☑ 알파벳 이름
☐ 알파벳 소리	☑ 알파벳 형태	☐ 알파벳 위치

MATERIALS   자석형 알파벳 카드 두 벌 (교사용, 학생용), 파리채 또는 뿅망치

* 활동에 사용하는 알파벳 수는 6개 이내로 제한하여 알파벳을 찾을 때 발생하는 시각적 부담을 낮춘다.

IN-CLASS PROCEDURE

STEP 1 활동 준비

교사는 준비한 알파벳 카드를 하나씩 학생들과 소리 내어 읽고, 해당 카드를 칠판에 붙인다.

STEP 2 대형 배치

교사는 학급 전체를 5명 내외의 모둠으로 구성한다. 학생들은 자기 책상에 엎드려 대기한다.

STEP 3 교사 위치 이동

교사는 모둠의 뒤 쪽으로 이동한다.

> **Point**
>
> 각 모둠의 제일 앞의 학생을 칠판으로 이동하는 사람으로 지정하여 동선을 최소화 하고 이동시의 불필요한 소란을 방지하기 위함이다.

STEP 4 활동 시작

① 교사는 각 모둠 제일 뒤 학생들을 가까이 오도록 하여 알파벳 카드 하나를 동시에 보여준다.

② 학생들은 시작 신호에 맞춰 앞 사람의 어깨를 가볍게 쳐서 자신을 보라는 신호를 주고, 해당 알파벳의 이름을 속삭여서 전달한다. 제일 앞 학생에게 전달 될 때 까지 반복한다.

③ 각 모둠의 제일 앞에 위치한 학생은 칠판에 붙여진 알파벳 중에서 자신이 들은 알파벳을 찾아 파리채로 친다.

> **Point**
>
> 활동 중 알파벳 카드를 잘못 선택한 모둠이 있다면, 전달 과정을 확인한다. 특히 특정 학생이 계속하여 전달을 잘못하고 있는지 점검할 필요가 있다.

STEP 5 활동 반복

첫 게임이 종료된 후 각 모둠의 제일 앞에 위치하였던 학생들은 모둠의 제일 뒤로 이동하고, 나머지 학생들은 한 줄 씩 앞으로 이동한다. 이와 같이 모둠 내에서 학습자 순서를 바꿔가며 모든 학생이 칠판에서 알파벳을 찾는 기회를 가질 때까지 활동을 계속한다.

SAMPLE LESSON

T **STEP 1** 활동 준비

Let's play the Whispering Game. This game begins with the student sitting at the back of each team.

STEP 4 ①에 대한 설명

I will show one alphabet letter to the student at the back.

STEP 4 ②에 대한 설명

The student should then whisper what they saw to the student in front of them. Whispering to the person in front continues until it reaches the student sitting in the first row.

STEP 4 ③에 대한 설명

Now the first-row student should find the same letter on the board and hit it using a fly swatter[4] /toy hammer[5].

Ss Okay.

T STEP 5에 대한 설명

When each round is over, the first-row students will move to the back of their rows, and the rest of the row will move one seat forward. When the seat change is done, we will continue the game. Are we clear?

Ss Yes, let's play!

---

4   파리채. 영어 활동에 재미를 더해줄 수 있는 소품이다.

5   흔히 '뿅망치'로 불리는 장난감 망치. Toy hammer는 찍찍/삐걱거리는 소리가 나는 장난감인 squeaky toy의 한 종류로, squeaky hammer라고도 불린다.

김소영 멘토의 Tip

 학생간 학습수준의 격차가 큰 집단이라면 이와 같은 학습놀이는 적합하지 않을 수 있습니다. 실수가 잦은 학생에게 또래 학습자의 원망이 집중될 수 있기 때문입니다. 그러나 인지적으로 큰 부담이 없는 학습량과 학습 요소를 소재로 한다면, 오히려 적당한 긴장감으로 학습에 대한 집중도가 높아질 수 있습니다.

 알파벳 카드 제시 방법을 달리하면 활동 난이도를 통제할 수 있습니다.
- **Beginner level**: 알파벳 이름을 말하고 카드도 보여주는 방법
- **Advanced level**: 알파벳 이름을 말하지 않고 카드로만 보여주는 방법

 '먼저 치기'와 같은 속도 활동으로 운영할 수도 있지만, 이보다는 '찾아내면 되는' 쪽으로 초점을 두고 운영하면 불필요한 소란을 방지하고 모든 학생이 위축되지 않게 참여할 수 있습니다. 먼저 답을 찾은 학생에게는 잘하고 있다는 개인적인 칭찬만 제공하도록 합니다.

 각 모둠 마지막 학생의 알파벳 선택 방법을 변경하여 쓰기 학습놀이로 활용할 수 있습니다. 이때 일반 칠판을 사용하면 알파벳 이름-형태 지식에 대한 점검이 가능하고, 영어 사선 칠판(또는 사선이 그려진 종이)을 사용하면 알파벳 이름-형태-위치에 대한 지식까지 점검이 가능합니다.

 형태 인지에 초점을 둔다면, 속삭이는 대신 손바닥 위에 알파벳을 써서 답을 전달하도록 합니다. 이때는 a-u, g-y와 같이 형태에 대한 정확성이 필요한 알파벳 문자를 중심으로 학습놀이를 진행해야 합니다.
→ 113쪽, Chapter 4. [알고 있나요] '학생들이 보이는 알파벳 오류 유형' 참고

사라진 알파벳을 찾아라
What's Missing?

OBJECTIVES	☐ 자신감	☑ 듣기에 대한 집중	☑ 알파벳 이름
	☐ 알파벳 소리	☑ 알파벳 형태	☐ 알파벳 위치
MATERIALS	알파벳 자석 또는 자석형 카드(교사용)		

IN-CLASS PROCEDURE

STEP 1 알파벳 제시

교사는 활동에 사용할 알파벳 두 개를 칠판에 붙이며, 학생들과 각각의 이름을 확인한다. 예 b and k

> **Point**
>
> • 본격적인 활동에 앞서 제시할 알파벳의 이름을 확인하는 것은 매우 중요하다. 알파벳 이름을 몰라서 활동에 참여하지 못하는 학습자가 없도록 예방한다.
>
> • 칠판에 제시할 알파벳은 교사의 의도에 따라 1) 대문자와 소문자 한 쪽만 적힌 카드, 2) 대소문자가 같이 인쇄된 카드를 선택할 수 있다. 특히 학습자가 어려워하는 알파벳을 중점적으로 활용하여 해당 알파벳에 대한 무의식적인 학습 및 강화가 가능하도록 계획한다.

STEP 2 문제 제시

교사는 학생들을 잠시 엎드려 있도록 한 후 알파벳 하나를 제거한다.

STEP 3 활동 시작

교사는 어떠한 알파벳이 사라졌는지 묻고, 학생들은 고개를 들어 교사의 질문에 답한다.

STEP 4 활동 반복

학습자의 수준에 따라 한 번에 제시하는 알파벳 카드의 수를 늘려가며 1~3의 과정을 반복한다.

STEP 5 심화 과정

교사와 충분히 활동한 후에는 원하는 학습자가 나와서 문제를 내도록 한다.

SAMPLE LESSON

T **STEP 1** 알파벳 제시

Look. I have two letters of the alphabet. What are they?

Ss They're B and P.

T **STEP 2** 문제 제시

Please, put your head on the desk. I'm going to remove one of these.

Ss (조용히 엎드려서 기다린다.)

T **STEP 3** 활동 시작

Now, head up, please. what's missing?

Ss It's P.

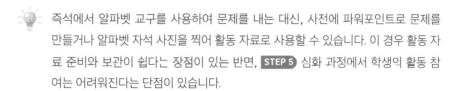

즉석에서 알파벳 교구를 사용하여 문제를 내는 대신, 사전에 파워포인트로 문제를 만들거나 알파벳 자석 사진을 찍어 활동 자료로 사용할 수 있습니다. 이 경우 활동 자료 준비와 보관이 쉽다는 장점이 있는 반면, STEP 5 심화 과정에서 학생의 활동 참여는 어려워진다는 단점이 있습니다.

영어에서 and는 같은 성질의 단어를 나열할 때 가장 마지막 단어 앞에 위치하여 이제 하나가 남았다는 시그널 역할을 합니다. 본 활동을 통해 학습자는 and의 바른 사용 또한 익힐 수 있습니다.
예 b and k / b, k, and t / b, k, t, and l

알파벳을 제거하는 대신에 엉뚱한 알파벳 하나를 첨가하여 'What's New?' 활동으로 운영할 수 있습니다. 이 경우에는 사용할 알파벳 전체를 사전에 모두 함께 확인하여야 합니다.

본 활동은 문제를 듣기 자극의 형태로 제공하고 학생들의 집중을 요구한다는 점에서 Chapter 2에 소개하였지만, 학생들이 알파벳 이름과 형태에 지속적으로 노출되고 발화해야 한다는 점에서 Chapter 4의 학습놀이 활동으로도 적합합니다.

듣고 배열하기
Listen & Place in Order

OBJECTIVES	☐ 자신감	☑ 듣기에 대한 집중	☑ 알파벳 이름
	☐ 알파벳 소리	☑ 알파벳 형태	☐ 알파벳 위치

MATERIALS   뽑기 상자, 알파벳 자석(교사용, 학생용), 자석용 화이트 보드(학생용)

IN-CLASS PROCEDURE

STEP 1 준비

학생들은 개인 화이트 보드에 알파벳 자석을 정리하여 붙인다.

STEP 2 알파벳 제시

교사는 뽑기 상자에서 알파벳 하나를 뽑아 학생들에게 그 이름을 말한다. 이 때 뽑은 알파벳을 보여주지는 않는다.

STEP 3 알파벳 찾기

학생들은 각자 화이트 보드에서 해당 알파벳 자석을 찾는다.

STEP 4 답 확인

교사는 해당 알파벳을 칠판에 붙이고 학생들의 활동 결과를 확인한다.

STEP 5 알파벳 읽기

교사의 신호에 따라 학생들은 해당 알파벳 이름을 소리 내어 읽는다.

STEP 6 활동 반복

학생들의 수준에 따라 알파벳의 수를 늘려가며 STEP 2~5 과정을 반복한다.

STEP 7 심화 활동

교사와 충분히 활동한 후에는 원하는 학생이 나와서 문제를 내도록 한다.

SAMPLE LESSON

T `STEP 1&2` 준비, 알파벳 제시

I'm going to tell you one alphabet. Please, listen and find it. It's F.

Ss (F 자석을 찾는다.)

T `STEP 4` 답 확인

Let's check together. I'll show it to you. Ta-da![6] What is it?

Ss It's F.

T `STEP 6` 활동 반복

Right. This time, I'm going to pick two alphabets from the mystery box. What will they be?
Okay, I'll tell you what they are now. Please find them. R and V.

Ss (R, V 자석을 찾는다.)

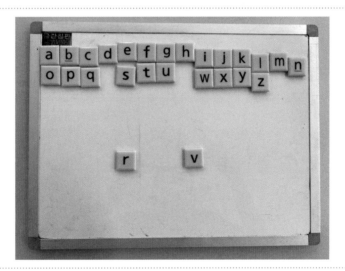

T Let's check together. Ta-da! What are they?

Ss They're R and V.

---

6 우리말 '짜잔!'에 해당하는 감탄사로 정답을 발표할 때 재미있게 사용할 수 있는 표현이다. 교사의 자연스러운 사용을 통해 학생들도 여러 감탄사를 자연스레 익힐 수 있다.

김소영 멘토의 Tip

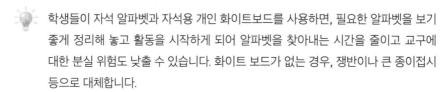

- 학생들이 자석 알파벳과 자석용 개인 화이트보드를 사용하면, 필요한 알파벳을 보기 좋게 정리해 놓고 활동을 시작하게 되어 알파벳을 찾아내는 시간을 줄이고 교구에 대한 분실 위험도 낮출 수 있습니다. 화이트 보드가 없는 경우, 쟁반이나 큰 종이접시 등으로 대체합니다.

- 뽑기 상자를 사용하면 학생들의 호기심을 자극할 수 있고, STEP 7 을 진행할 때 학생들이 어떤 알파벳을 고를지 고민하는 시간도 단축할 수 있습니다.

- 대부분의 알파벳 자석은 대문자와 소문자가 별도로 판매됩니다. 학습 단계와 목적에 따라 대문자와 소문자를 선택하여 활동해 보세요.

- 학생들의 학습 상황에 따라 교사가 말하는 알파벳을 각자 공책에 쓰도록 할 수 있습니다.

OBJECTIVES	☐ 자신감	☑ 듣기에 대한 집중	☑ 알파벳 이름
	☐ 알파벳 소리	☑ 알파벳 형태	☐ 알파벳 위치

MATERIALS 알파벳 대.소문자 카드(교사용), 보드 마커, 보드 지우개,
세울 수 있는 양면 화이트보드(학생용)

IN-CLASS PROCEDURE

STEP 1 준비

① 학생들은 짝꿍과 누가 대문자를, 누가 소문자를 담당할 것인지 정한다.

② 두 명의 학생 사이에 세울 수 있는 양면 화이트보드를 놓고, 학생 각자에게 보드 마커와 보드 지우개
를 제공한다.

STEP 2 알파벳 제시

교사는 알파벳 카드를 하나 뽑아 학생들에게 이름을 말한다. 알파벳을 보여주지는 않는다.

STEP 3 알파벳 쓰기

학생들은 해당 알파벳을 듣고, 대문자와 소문자 중 자신이 담당한 알파벳의 형태를 쓴다.

STEP 4 답 확인

교사는 해당 알파벳 카드를 보여준다. 학생들은 활동 결과를 확인한다.

SAMPLE LESSON

T `STEP 1` 준비

Have you decided who will be Student A and Student B with your partner?
Let's check. Student As, raise your hand.

Ss (A 학생들 손을 든다.)

T Now, Student Bs, raise your hand.

Ss (B 학생들 손을 든다.)

T `STEP 2` 알파벳 제시

I'm going to tell you one alphabet. Listen and write. Student A, please, write the uppercase letter.
Student B, please, write the lowercase letter. It's E.

Ss (보드에 알파벳을 적는다.)

T `STEP 4` 답 확인

Have you finished writing? Let's check together. Check what your partner has written.

Ss (짝꿍의 답을 서로 확인한다.)

김소영 멘토의 Tip

 세울 수 있는 양면 화이트보드를 활용하면 답을 가리면서 써야 하는 번거로움이 없기 때문에 같은 활동을 하더라도 좀 더 흥미진진해 집니다. 또한 답을 쓰는 과정에서 발생할 수 있는 학생 간의 시비도 방지할 수 있습니다.

 활동 난이도를 낮추는 방법으로 학생들이 알파벳을 직접 쓰는 대신, 알파벳 대문자와 소문자 자석을 활용할 수 있습니다.

영어 학습에서 listening이 필요한 이유

Listen은 학습자의 의지적인 사고 작용까지 내포한 행위입니다. 그런데, 영어 학습에서의 listen은 단순히 주어지는 듣기 자극에 대해 '집중해서 듣고 무엇을 해야 하는지 안다'는 경청의 의미를 넘어서, 학습 그 자체를 위해서도 필요합니다. 영어와 우리말의 소리는 같지 않기 때문입니다.

미국 여행 중 경험한 일입니다. 하루는 호텔 체크인 프론트 직원이 물었습니다. "How many keys?" 저는 그 질문에 매우 당황했습니다. '도대체 아이가 몇 명인지는 왜 묻는 거야?'라고 생각했습니다. 알고보니 보통 전자키 2개를 알아서 주던 다른 호텔리어와 달리 그 직원은 열쇠 몇 개가 필요한지를 친절하게 물었던 것이었습니다. 저는 '체크인 과정은 항상 똑같지 뭐.'라고 생각하며 호텔 직원의 질문을 건성으로 들었기에 keys를 kids로 받아들였던 것입니다.

우리말 소리로 생각하면 비슷하지만 영어에서는 자칫 잘못 발음했을 때 뜻의 차이를 가져오는 단어쌍은 이외에도 많습니다. 한 번 살펴볼까요?

ship vs. sheep   bad vs. bed   hit vs. heat

영어 학습에 있어 듣기에 집중하는 학습 습관은 이러한 미묘한 소리의 차이도 인식할 수 있는 기반이 됩니다. 이렇게 듣기에 대한 정확성이 향상되면 결국 발화의 순간에도 이러한 차이를 표현하고자 신경 쓰게 됩니다. 알파벳 학습과 파닉스 학습이 함께 연계되어야 하는 이유입니다.

Chapter 03 관찰

🗨 알아볼까요

관찰, 스스로 생각하고 점검하는 힘

학습자가 자신의 학습에 자신감을 보이고 이를 바탕으로 적극적인 듣기^{listening}가 가능해졌다면 이제 문자 학습에 있어서도 주체가 되어야 할 시점입니다. 영어 알파벳은 한글과 유사하면서도 또 다른 특징들을 지니고 있는데, 이때 관찰은 문자 학습을 시작함에 있어 꼭 필요한 기능입니다.

관찰은 적극적인 사고 기능입니다. 시간이 걸리더라도 교사가 키워주고, 학습자가 키워가야 합니다. 이렇게 관찰하는 힘을 기른 학습자는 보다 장기적이고 넓은 관점에서도 자신의 학습과정 전반 및 학습결과물을 점검할 수 있는 눈을 겸비하게 됩니다.

● 메타인지 Metacognition

메타인지는 '인지 과정에 대해 인지하는 능력'입니다. 쉽게 말하자면, '자신이 알고 있는 것과 모르는 것을 구분해 낼 수 있는 능력'이라고 볼 수 있습니다.

학습자는 적극적으로 사고하며 학습에 참여해야 합니다. 학습과정 속에서 자신의 학습 결과물 및 학습태도를 객관적으로 계획-모니터-평가할 수 있다면, 긍정적인 변화를 위한 학습 효율성을 높일 수 있습니다.

메타인지의 과정

하버드 대학교 교육대학원 교수인 데이비드 퍼킨스(Perkins, 1992)는 학습자의 발달 단계를 메타인지 관점에서 4단계로 구분하였습니다[1]. 이는 교사가 학습자의 발달 단계를 이해하고 특성에 적합한 교수-학습 전략을 모색하여 투입한다면 학습자의 발달을 촉진할 수 있다는 시사점을 줍니다.

Tacit Learner (자신의 학습에) 암묵적인 학습자	메타인지에 대한 지식이 부족한 상태의 학습자이다. 자신에게 필요한 학습전략을 알지 못하며, 무언가를 '알고 있다'와 '모른다' 정도로만 받아들인다.
Aware Learner (자신의 학습을) 인지하는 학습자	아이디어 생성 및 증거 찾기와 같은 사고는 가능하나, 그러한 사고가 항상 계획되거나 의도된 것은 아니다. 학습전략을 주도적으로 사용하기는 어렵다.
Strategic Learner (자신의 학습에) 전략적인 학습자	학습에 도움이 되는 방향으로 학습전략을 주도적으로 활용할 수 있는 상태이다. 사고를 조직화할 수 있고 보다 고차원적인 학습전략 사용이 가능하다.
Reflective Learner (자신의 학습에) 성찰적인 학습자	학습전략의 사용 뿐만 아니라 학습과정에 있어서의 성찰 또한 가능하다. 학습 상황을 해결하기 위한 학습전략 투입 및 수정이 가능하다.

메타인지 관점에 의한 학습자 발달 4단계
4 Levels of Metacognitive Learners

---

1 Cambridge Assessment International Education.
https://cambridge-community.org.uk/professional-development/gswmeta/index.html

알려주세요

Q 학생들은 원래 교사가 제시하는 것을 보고 잘 따라 쓰지 않나요?

(대문자 J부분에 밑줄 그으며) **J위치를 고쳐 썼구나?**

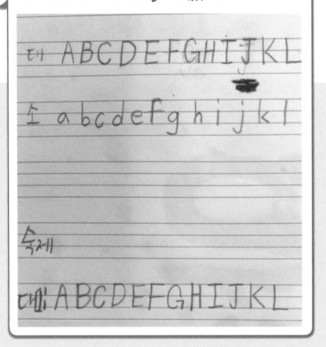

 알파벳을 다 알고 있어서 (선생님 설명 안 듣고) 그냥 먼저 썼는데요, 나중에 선생님이 쓰신 걸 보니, J 위치가 틀렸더라고요.

 선생님이 너희와 함께 공책쓰기를 하는 이유야. 교과서를 보면서 혼자 쓰라고 하면, 친구들 대부분 책은 보지 않고 원래 하던 대로 쓰고 끝내 버리거든. 지수는 꼼꼼하게 잘 확인했구나.

 네, 그래서 숙제할 때는 처음부터 수업시간에 쓴 것을 보며 제대로 썼어요.

알파벳 쓰기를 연습하다 보면 교사가 '선생님의 글씨를 보여 함께 쓰자', '올바른 알파벳 모양을 확인하며 쓰자'라고 해도 대다수의 학생들은 자신의 습관대로 쓰곤 합니다.

학교에서 알파벳 학습을 시작할 때 상당수의 학습자가 본인은 어느 정도 또는 그 이상으로 알파벳을 알고 있다고 말합니다. 이미 알파벳을 보고, 듣고, 접해봤다는 이유로 말이지요. 그렇지만 학습자의 생각과 결과물이 항상 일치하지는 않습니다. (113쪽, Chapter 4. [알고 있나요] '학생들이 보이는 알파벳 오류 유형' 참고) 교사는 자신하는 학습자가 본인의 학습결과물을 객관적으로 관찰할 수 있도록 지도해야 합니다.

영어 알파벳은 형태를 비롯하여 소리의 종류, 발음하는 방법, 글자의 위치 등과 같이 한글과 다른 여러 특징을 지니고 있습니다. 시간이 흐르면 모든 학습자가 이런 특징을 이해하고 알파벳을 익히게 되겠지만 어떤 학습자에게는 그 시간이 몇 배로 필요할 수 있습니다. 그때그때 설명에 주의를 기울이며 자신의 학습결과물을 점검한 학생과 그렇지 않은 학생 간에는 결국 학습격차가 발생할 수 밖에 없습니다. 따라서 시간이 걸리더라도 알파벳 학습 초기부터 학습결과물을 학습자 자신의 눈으로 점검하는 습관을 기르도록 지도해야 합니다.

고쳐야 하는 부분을 어떻게 안내해야 할까요?

 (학생이 쓴 대문자 I에 동그라미하며)
대문자 I는 이렇게 쓰기 보다, (I로 적으며) 이렇게 쓰면 좋겠는데?

(자기가 쓴 글자를 가리키며)
이렇게 써도 대문자 I 아닌가요?

 맞아. 글자체에 따라 그렇지. 그런데 위 아래 선이 없으면 어떤
알파벳 소문자랑 똑같아 보이거든. 그 알파벳 소문자는 무얼까?

(자신이 쓴 소문자를 하나씩 읽어보며)
a, b, c, d, e, f, g, h, i, j, k, l... 아.. 소문자 l이요.
모양이 똑같아요.

 맞아. 은호가 봐도 같은 모양이지?
(대문자 I와 소문자 l을 연결하며)
두 글자가 확실히 구분되게 쓰는 건 어떨까?

(선생님이 적어준 I를 가리키며) 네, 다음부터는 이렇게 적을게요.

A 학습자가 자신의 학습결과물을 인지하도록 의식적으로 자극해야 합니다.

선생님이 답을 다 알려주는 것이 아니라 학습자 스스로 생각해 볼 수 있도록 도와 주어야 합니다. 일반적으로 많이 쓰이는 'Do you understand?'라는 질문은 사실 학생들의 이해도를 짐작하기에 적합하지 않습니다. 교사가 모든 것을 다 설명해 준 후에 학생에게 듣는 'Yes, I understand.'라는 말은 그 내용을 이해하지 못해도 할 수 있는 대답이기 때문입니다. 따라서 알파벳 지도 초기일수록 학생의 쓰기 결과물을 일대일로 점검하며, 학습자의 숙련 정도와 인지 상태를 파악할 것을 추천 합니다.

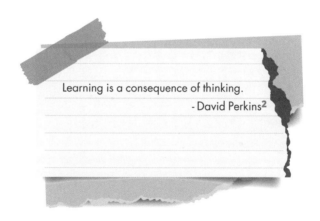

Learning is a consequence of thinking.

- David Perkins[2]

---

2 데이비드 퍼킨스. 인간의 문제 해결, 이해력, 학습과 같은 사고 영역에 관심을 갖고 연구한 학자이다.

알파벳 가족을 찾아줘
Letter Grouping

OBJECTIVES

☐ 자신감　　　☐ 듣기에 대한 집중　　　☑ 알파벳 이름

☐ 알파벳 소리　☑ 알파벳 형태　　　　☐ 알파벳 위치

MATERIALS　　다양한 글자체로 인쇄된 알파벳 소문자 카드(교사용, 학생용)

IN-CLASS PROCEDURE

STEP 1 알파벳 제시

① 교사는 기본 글씨체로 인쇄된 목표 알파벳 카드를 선택하여 이름을 하나씩 학생들과 확인하고 칠판 상단에 붙인다.

Point

목표 알파벳은 학습자가 형태 인지에 어려움을 겪는 알파벳을 중심으로 선정하고, 학습자의 발달단계를 감안하여 학생 1명 또는 모둠이 조작하는 카드의 수는 12장 이내로 한다.

② 교사는 다양한 글씨체로 인쇄된 나머지 목표 알파벳 카드를 학생들에게 하나씩 보여주며 칠판 하단에 무작위로 붙인다.

Point

교사가 카드를 하나씩 보여줄 때, 학생도 자신의 카드에서 하나씩 찾아보도록 한다. 교사 입장에서는 학생용 카드 수에 이상이 없는지를 확인하는 방법이 된다.

STEP 2 알파벳 분류

학생들은 학생용 카드를 사용하여 같은 알파벳끼리 분류한다.

STEP 3 결과 확인

학생들이 나와서 칠판에 붙여진 알파벳을 같은 알파벳끼리 모아 붙인다. 교사는 학생들에게 결과에 대한 피드백을 제공한다.

STEP 4 마무리

칠판에 붙여진 알파벳을 한 번씩 읽어본다.

SAMPLE LESSON

T `STEP 1` 알파벳 제시

We have four letters here. Which ones are they?

Ss They're a, u, g, y.

T `STEP 2` 알파벳 분류

Correct. Now, let's group them. Please gather the same letters and place them together.

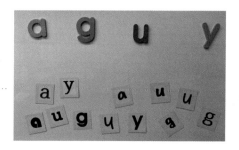

김소영 멘토의 Tip

 학생들이 정확하게 형태를 인지하도록 주의하여 지도할 필요가 있는 알파벳을 살펴봅시다.

1) 소문자 a/ɑ

손글씨와 인쇄물에서의 글씨체가 서로 다른 경우가 많으므로 명시적인 언급이 필요한 대표적인 알파벳입니다. 학생들에게는 a보다는 ɑ의 형태로 쓰도록 지도하는 것이 좋습니다. 많은 학생들이 a의 형태나 쓰는 순서를 이해하지 못해 쓰기 오류로 이어지는 경우가 발생하기 때문입니다.

2) 소문자 b, d, p, q

상하좌우로 회전하면 다른 문자가 된다는 점을 명시적으로 지도합니다. 필요하다면 문자의 상하 방향에 대한 약속(예 b, d, p, q처럼 사선지 위쪽에 쓰는 문자는 'under bar' 표시)을 하고 일관되게 사용합니다. 알파벳 자석을 활용하여 학생들이 직접 조작하며 상하좌우로 회전했을 때 어떤 문자가 서로 같아지는지 경험해 볼 필요가 있습니다.

3) 대문자 I (아이), 소문자 l (엘), 숫자 1

어린 학습자나 느린 학습자가 종종 혼동하는 대표적인 문자군입니다. 영어 학습 초기일수록 해당 문자가 명확하게 구분되는 문자체를 사용해야 합니다.

4) 소문자 g와 q, 숫자 9

드물지만 해당 문자를 혼동하는 학생들이 존재합니다. 대부분 읽기 활동 보다는 쓰기 활동에서 정확하지 않은 손글씨로 인해 오류가 발생합니다.

Chapter 4의 [알고 있나요]를 참고하여 학생들의 실제 오류 사례를 확인하고, 읽기-쓰기 활동을 연계하여 수업을 계획해 보세요.

이외에도 다음처럼 기타 학생들이 혼동하기 쉬운 알파벳 몇 개를 추가하여 심화활동으로 운영할 수 있습니다.

STEP 1 알파벳 제시 (동일하게 진행)

STEP 2 알파벳 분류

학생들은 학생용 카드를 사용하여 같은 알파벳끼리 분류한다.

STEP 3 심화활동 준비

교사는 칠판에 n, h, q, p를 추가로 붙인다.

STEP 4 결과 확인

학생들이 나와서 칠판에 붙여진 알파벳을 동일 문자끼리 모아 붙인다.

STEP 5 마무리

교사는 학생들에게 남겨진 알파벳이 무엇인지 묻고, 어떤 알파벳과 혼동할 수 있는지 확인한다. 모든 알파벳의 상하좌우를 회전해보면서 또다른 문자로 보일 수 있는 알파벳이 더 있는지 함께 확인하며 연계하여 쓰기 활동 시 정확해야 하는 이유를 설명한다. 예 N과 Z

사물에서 알파벳 모양 찾기
My ABC

OBJECTIVES			
	☐ 자신감	☐ 듣기에 대한 집중	☑ 알파벳 이름
	☐ 알파벳 소리	☑ 알파벳 형태	☐ 알파벳 위치

MATERIALS   예시 사진, 휴대용 전자기기(사진 촬영용)

IN-CLASS PROCEDURE

STEP 1 예시 확인

학생들과 예시 사진을 함께 보며, 어떤 알파벳의 형태가 보이는지, 어떤 사물을 찍은 것인지 확인한다.

STEP 2 활동 규칙 약속

교사는 목표 알파벳, 활동 시간 및 활동을 위한 공간 범위를 알려준다. 모둠활동으로 구성하면 개인의 활동 부담감을 낮출 수 있다.

STEP 3 활동 시작

학생들은 주변 사물에서 알파벳 형태를 찾아 사진을 찍는다.

STEP 4 결과 공유

화면 미러링 또는 학습용 사이트 탑재 등의 방법을 활용하여 활동 결과물을 공유한다.

> **Point**
>
> 본 활동에서 결과 공유는 매우 중요하다. 서로가 찍어온 사진을 보며 어떤 문자의 형태가 보이는지, 어떤 물체에서 해당 문자의 형태를 찾은 것인지 짧게라도 함께 확인하는 시간을 진행한다.

SAMPLE LESSON

● 주변 사물의 형태에서 찾은 알파벳 예시[3]

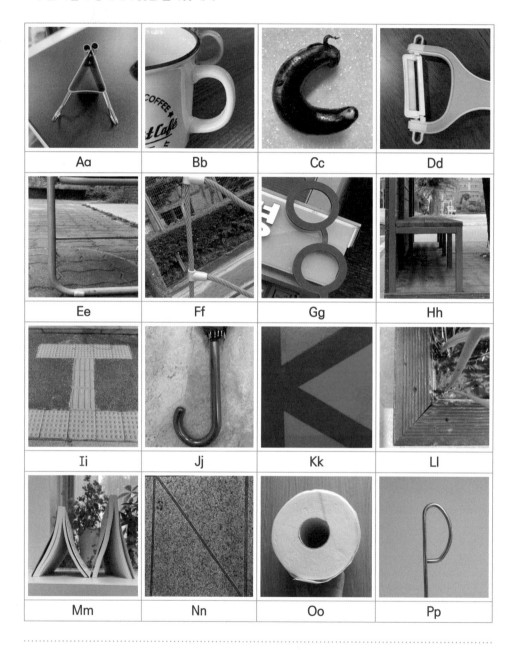

Aa	Bb	Cc	Dd
Ee	Ff	Gg	Hh
Ii	Jj	Kk	Ll
Mm	Nn	Oo	Pp

---

3 일부 사진(Dd, Oo, Pp, Qq, Vv)은 저자가 집필에 참여하였던 서울특별시강서양천교육지원청: 2023 손에 잡히는 기초학력 원픽 자료 - Alphabet (1) - 형태 알기 사진 자료와 동일하다.

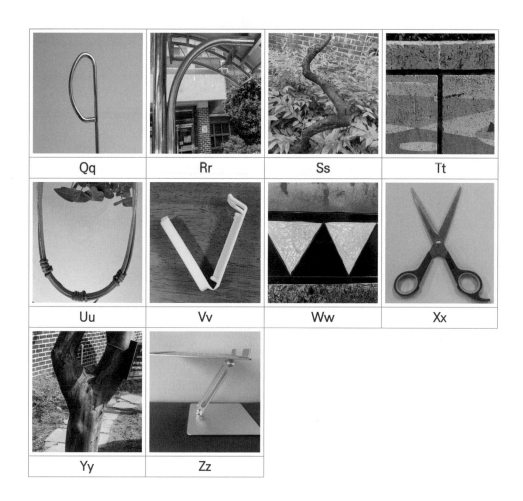

Qq	Rr	Ss	Tt
Uu	Vv	Ww	Xx
Yy	Zz		

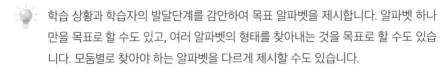

학습 상황과 학습자의 발달단계를 감안하여 목표 알파벳을 제시합니다. 알파벳 하나만을 목표로 할 수도 있고, 여러 알파벳의 형태를 찾아내는 것을 목표로 할 수도 있습니다. 모둠별로 찾아야 하는 알파벳을 다르게 제시할 수도 있습니다.

주변 사물에서 목표 알파벳의 형태를 모두 찾아내는 것은 쉽지 않습니다. 이 경우 학생들이 제일 많이 찾아온 문자는 무엇인지, 찾지 못한 문자는 무엇인지 확인하면서 목표 알파벳 전반을 되돌아보도록 합니다.

온라인 플랫폼을 통해 자기주도 또는 가정연계 활동으로 확장이 가능합니다. 자신의 주변에서 발견한 알파벳 모양을 사진으로 찍고 플랫폼에 업로드하는 방식으로 공유 활동을 수월하게 운영할 수 있습니다.

이 외에도 'alphabet in nature', 'nature alphabet', 'wild alphabet' 등의 검색어를 통해 영어권의 더 많은 자료를 참고할 수 있습니다.

학습놀이 3-3

내가 디자인하는 알파벳
Letter Craft

OBJECTIVES

☐ 자신감   ☐ 듣기에 대한 집중   ☑ 알파벳 이름

☐ 알파벳 소리   ☑ 알파벳 형태   ☐ 알파벳 위치

MATERIALS   지오보드, 색 고무줄, 색 클립, 모루, 공깃돌, 클레이 등

IN-CLASS PROCEDURE

STEP 1 알파벳 제시

학생들은 목표 알파벳을 확인한다.

STEP 2 활동 시작

학생들 각자 자신이 선택한 재료로 자신이 맡은 알파벳의 형태를 표현한다.

STEP 3 결과물 공유

활동 결과물을 공유한다. 이때 형태 유지 및 고정이 어려운 재료를 사용하였다면 자신의 책상에 결과물을 전시하고 학급을 돌아다니면서 친구들의 작품을 감상한다.

POST-ACTIVITY 결과물 전시

교사는 학생 작품을 사진으로 기록하고 이를 출력하여 전시한다. 장기간 전시를 통해 알파벳 형태에 대한 시각적인 강화가 가능하다.

SAMPLE LESSON

T **STEP 1** 알파벳 제시

Take a look at this. What's this?

Ss It's an A.

T And what about this?

Ss It's an M.

T That's right. I formed the letters A and M using the geoboard. Can you create letters on the geoboard as well?

Ss Sure!

T Alright! Let's go pick your materials now.

Ss **STEP 2** 활동 시작

학생들이 각자 재료를 선택하여 알파벳 모양 만들기를 시작한다.

● 예시 1: 주변의 구체물을 활용한 활동

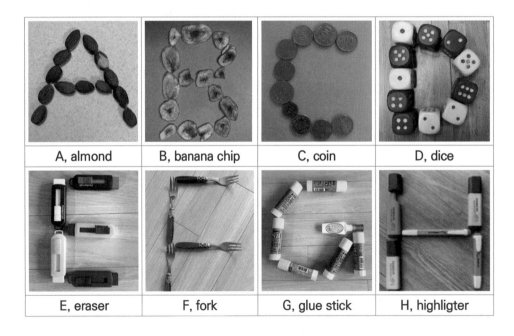

| A, almond | B, banana chip | C, coin | D, dice |
| E, eraser | F, fork | G, glue stick | H, highligter |

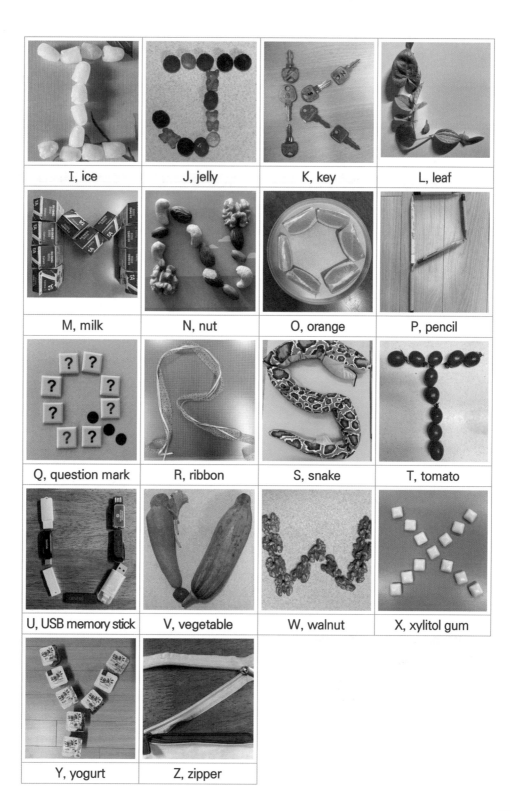

I, ice	J, jelly	K, key	L, leaf
M, milk	N, nut	O, orange	P, pencil
Q, question mark	R, ribbon	S, snake	T, tomato
U, USB memory stick	V, vegetable	W, walnut	X, xylitol gum
Y, yogurt	Z, zipper		

● 예시 2: 해당 문자로 시작하는 단어에 대한 시각화 표현

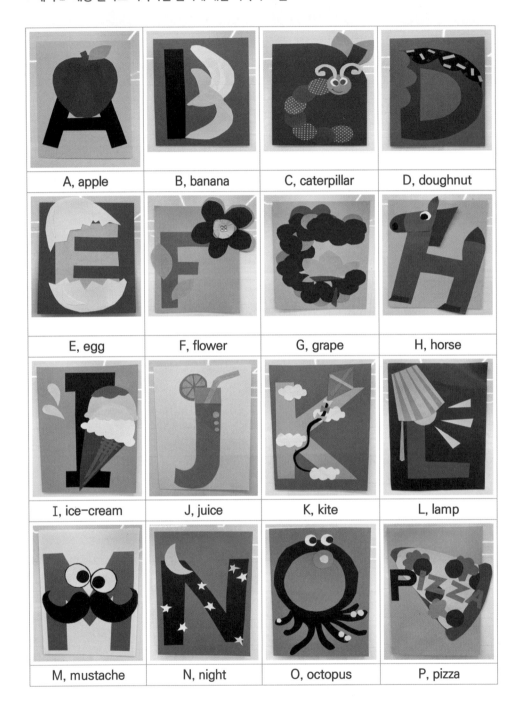

A, apple	B, banana	C, caterpillar	D, doughnut
E, egg	F, flower	G, grape	H, horse
I, ice-cream	J, juice	K, kite	L, lamp
M, mustache	N, night	O, octopus	P, pizza

Q, queen	R, rainbow	S, spider	T, tree
U, umbrella	V, vase	W, worm	X, xylophone
Y, yak	Z, zebra		

김소영 멘토의 Tip

 알파벳 26자에 대한 학습이 끝난 상태라면, 학생마다 담당할 알파벳을 배정하고 학급 전체가 협력하여 알파벳 디자인 작품을 완성할 수 있습니다. 또는 각자 자신의 이름 이니셜을 디자인하도록 해도 좋습니다.

 학생들의 수준에 따라 다음과 같이 활동 난이도를 조절해 보세요.

- **Beginner level**: 지오보드와 색고무줄, 모루와 클레이류, 작은 사물(색클립 및 공깃돌) 등을 사용하면 쉽게 형태를 조작하고 수정할 수 있습니다.
- **Advanced level**: 색연필이나 수채도구를 사용한 디자인 활동은 구상과 표현 단계에 시간이 많이 소요되고 오류에 대한 수정이 어려워서 상대적으로 난도가 높습니다. 단, 그림 그리기 앱을 활용하면 위의 단점을 극복하면서도 쉽게 결과를 저장하고 공유할 수 있습니다.

 파닉스와 연결하여 해당 발음/문자로 시작하는 주변의 구체물을 활용할 수 있고(70쪽 **예시 1**), 직접 그리거나 만들기 활동을 적용하여 선택할 수 있는 단어의 폭을 넓힐 수도 있습니다(72쪽 **예시 2**).

 이 외에도 'alphabet crafts', 'letter craft' 등의 검색어를 통해 알파벳 형태를 이용한 다양한 오리기, 종이접기, 책 만들기 활동 영상을 검색할 수 있습니다.

학습놀이
3-4

몸으로 만드는 알파벳
Body ABC

OBJECTIVES
☐ 자신감 ☐ 듣기에 대한 집중 ☑ 알파벳 이름
☐ 알파벳 소리 ☑ 알파벳 형태 ☐ 알파벳 위치

MATERIALS
알파벳 형태를 신체로 표현한 영상 자료

IN-CLASS PROCEDURE

STEP 1 생각 열기

영상을 보기 전, 첫 번째 알파벳을 신체로 어떻게 표현할 수 있을지 학생들의 생각을 먼저 묻는다. 필요 시, 교사는 해당 알파벳 형태를 신체로 표현하기 위한 포인트를 알려준다.

> **Point**
>
> 알파벳 형태에 대한 [STEP 1 생각 열기] 단계는 매우 중요하다. 학생들이 알파벳 형태에 대한 표현 방법을 안다는 것은 해당 알파벳의 형태를 인지하고 있다는 증거다.

STEP 2 영상 확인

영상에서 알파벳이 신체로 어떻게 표현되어 있는지 확인한다.

STEP 3 반복

목표 알파벳의 수 만큼 STEP 1~2를 반복한다.

STEP 4 활동 시작

학습자는 영상을 보며 동작을 따라 한다.

SAMPLE LESSON

T What are these?

Ss M, N, O and P.

T STEP 1 생각 열기

Today, we're going to form the letters M, N, O, and P with our bodies.
Can you do that?

Ss Yes! Like this!

T STEP 2 영상 확인

Let's watch the alphabet dance video that shows how to form the letters M, N, O and P with our bodies.

Ss (영상으로 움직임을 확인한다.)

T STEP 4 활동 시작

Can you do this alphabet dance to the song?

Ss Yes!

T Let's dance from M to P!

Ss (영상을 따라 M, N, O, P의 형태를 신체로 표현한다.)

T Now, let's dance all the way from A, starting at the beginning, to P!

M   N

O

P

초등학교 3학년 영어 교과서는 일반적으로 한 번에 4~6개의 알파벳을 학습목표로 제시하므로 이 학습놀이 역시 그 범위 내에서 진행합니다. 그리고 새로운 알파벳에 대한 신체 표현을 배운 후에는 항상 이전 차시 알파벳에 대한 활동도 누적하여 복습하도록 합니다.

신체표현 활동은 저학년 학습자가 선호하는 활동이며, 저학년 학습자의 근육 발달 및 신체 협응 능력 발달에도 도움이 됩니다. 중간중간 freeze 동작(38쪽, 학습놀이 2-1 '그대로 멈춰라' 참고)을 통해 놀이 요소를 더할 수 있는데, 이는 알파벳 모양을 바르게 만들었는지 서로의 모습을 확인할 수 있는 장치의 역할도 합니다.

책에서 제시한 예시 외에도 'body alphabet', 'human alphabet' 등의 검색어를 통해 몸으로 표현한 다양한 알파벳 형태를 찾아볼 수 있습니다. 단, 'finger/hand alphabet'은 수화로 표현하는 알파벳을 의미하는 것을 유의하세요.

다음과 같은 방법으로 개인, 모둠 활동을 진행할 수 있습니다.

- **개인**: 알파벳 형태를 손가락으로 만들어 보기
- **모둠**: 여러 명이 협력하여 하나의 알파벳을 만들어 보기

개인 및 모둠 활동으로 진행하는 경우, 알파벳 26자에 대한 표를 나눠주고 완성한 알파벳마다 표시하도록 합니다. 각자 표를 참고하여 자신 있는 알파벳부터 시작할 수 있고, 나머지 알파벳에 대한 신체표현도 잊지 않고 시도해 볼 수 있습니다.

학습놀이 3-5

의자 위에서 알파벳
ABC on the Chair

OBJECTIVES
- ☐ 자신감
- ☑ 듣기에 대한 집중
- ☑ 알파벳 이름
- ☐ 알파벳 소리
- ☑ 알파벳 형태
- ☑ 알파벳 위치

MATERIALS 대형 사선표 2장(교사용)

IN-CLASS PROCEDURE

STEP 1 활동지 파악

교사는 대형 사선표를 칠판에 붙이고, 사선표 그림 속 의자 받침이 영어 공책의 세 번째 선을 의미함을 학생들에게 알려준다.

STEP 2 대문자 위치 확인

교사는 첫 번째 사선표에 대문자를 적는다. 예 A, B, C, D, E, F, G
이때, 학생들에게 대문자의 공통점은 무엇인지, 사선표의 몇 번째 칸과 몇 번째 칸에 적혀 있는지 물으면서 적는다.

STEP 3 소문자 위치 확인

① 교사는 두 번째 사선표에 소문자를 적는다. 예 a, b, c, d, e, f, g
이때, 학생들에게 소문자별로 사선표의 어떤 칸에 위치해야 하는지 물으면서 적는다.
② 교사는 학생들이 첫 번째와 두 번째 사선표를 비교하도록 하며 대문자와 소문자 위치의 차이점을 묻는다.

STEP 4 활동 약속 익히기

① 대문자의 위치를 익힌다. STEP 2에서 작성한 첫 번째 사선표를 이용하여 설명한다.
② 소문자의 위치를 익힌다. STEP 3에서 작성한 두 번째 사선표를 이용하여 설명한다.
③ 의자 위에서 활동하면서 조심해야 할 점을 확인한다.

STEP 5 대문자 표현하기

① 교사는 대문자를 순서대로 하나씩 말한다.
② 학생들은 해당 대문자의 위치를 몸으로 표현한다.
③ 교사는 학생들에게 문자가 달라져도 의자 위에서 움직이지 않았던 이유를 묻는다.

소문자 표현하기

① 교사는 소문자를 순서대로 하나씩 말한다.

② 학생들은 해당 소문자의 위치를 몸으로 표현한다.

③ 교사는 학생들에게 문자가 달라지면 의자 위에서 움직였던 이유를 묻는다.

> **Point**
>
> 소문자 활동을 연속으로 하다 보면, 힘들어 하는 학생들이 나온다. 그만큼 소문자는 위치 변화가 있음을 강조한다.

SAMPLE LESSON

● 기본 활동

다음 대화는 모든 학생들의 이해를 돕기 위해 우리말로 진행한다.

T 선생님이 적은 대문자를 읽어 볼까요?

Ss A, B, C, D, E, F, G.

T STEP 2 대문자 위치 확인
대문자의 위치에는 어떤 공통점이 있나요?

Ss 모두 세 번째 선 위에 있어요.
①번이랑 ②번 칸에만 있어요.

T 맞아요. 대문자 형태는 다 다르지만, 모두 같은 위치에 있네요.

Ss 네.

T STEP 3 소문자 위치 확인
그럼 소문자는 어떨까요? 소문자 a는 몇 번 칸에 적어야 할까요?

Ss ①번 칸이요.

T 소문자 b는 몇 번 칸에 적어야 할까요?

Ss ①번과 ②번 칸이요.

T (같은 방법으로 목표 문자별로 확인한 뒤) 소문자는 위치가 모두 같나요?

Ss 아니요. 소문자는 ③번까지 내려가는 글자도 있어요.

● 소문자 위치 표현 예시

유형	해당 알파벳	사선표에서의 위치	의자 위 동작
1	a, c, e, m, n, o, r, s, u, v, w, x, z	② ① **ace** ③ ①	
2	b, d, f, h, k, l	② **bdf** ① ③ ① & ②	
3	g, p, q, y	② ① **gpy** ③ ① & ③	
4	i	② ① **i** ③ ①, ②의 중간에 점	
5	j	② ① **j** ③ ① & ③, ②의 중간에 점	

| 6 | t | 
① & ②,
①과 ② 사이에 가로선 |  |

● 응용 예시

Aa~Gg까지의 학습 이후에는 칠판에 빨간 선 하나만을 붙이고 활동을 진행한다. 단, 위치는 동일하되 표현 방법에 변형이 있는 i, j, t는 사선 위에 써서 보여주는 편이 더 효과적이다.

T 이 빨간 선은 영어 공책 사선의 세 번째 선을 의미해요. 여러분 의자에서는 어디를 의미하죠?

Ss 의자 받침이요.

T STEP 3 소문자 위치 확인
지금까지 배웠던 소문자 a부터 l까지 하나씩 바른 위치에 옮겨 볼까요?

Ss (학생이 나와서 옮겨본다.)

T 이제 선생님이 오늘 배운 알파벳인 m, n, o, p를 하나씩 옮겨 볼게요. m은 어디에 놓을까요?

Ss 빨간 선 위요.

T 이렇게요?

Ss 아니요.

T 빨간 선 위에 있다면서요?

Ss 빨간 선 위에 딱 붙여 올려야 돼요.

T n은 어떤가요?

Ss m이랑 같아요.

T o는 어떤가요?

Ss m, n, 위치랑 같아요.

T 그럼 소문자 p도 같나요?

Ss 아니요. p는 내려와야 해요.

T 이렇게요?

Ss 아니요. 올려요.

T 이렇게요?

Ss 아니요. 반만 올려요. p의 반은 빨간 선에 걸쳐야 해요.

T 이렇게요?

Ss 네~!

T 그런데 P는 이렇게 붙여도 맞지 않나요?

Ss 글자 전체가 빨간 선 위에 있으면 대문자예요.

T 맞아요. p는 대문자와 소문자 형태가 같아서 위치로 구분해야 해요.
지금까지 배운 알파벳 중에 다른 알파벳도 그래요. 어떤 알파벳인가요?

Ss C요.

의자 위에서 진행하는 신체 활동인 만큼 안전한 움직임을 약속하고, 책상 간 앞뒤, 좌우 간격을 확보하여 적절한 환경을 조성합니다. 특히, [75쪽, 학습놀이 3-4 '몸으로 만드는 알파벳']을 경험헤 본 학생이라면 의자 위에서 해당 알파벳 모양을 만들려고 할 수 있습니다. 본 활동에서는 모양이 아니라 위치만을 표현한다는 점을 강조합니다.

몸집이 큰 학생과 무서움이 많은 학생을 위해 의자 위가 아닌 제자리에 서서하는 활동으로 변형할 수 있습니다. [유형 1, 2, 4, 6]은 교실 바닥에 서서 앉거나 일어선 채로, [유형 3, 5]는 바닥에 다리를 펴고 앉은 후, 필요한 손동작을 하도록 제시합니다.

소문자를 무작위로 제시하면서 게임 활동으로도 진행할 수 있습니다. 같은 유형의 알파벳이 제시되었을 때에도 학생들이 본능적으로 움직이지 않도록 끝까지 듣고 위치를 생각한 후 행동하도록 강조합니다. 활동의 마지막은 g, p, q, 또는 y로 택하여 다음 학습을 위한 기본 학습 자세로 자연스럽게 연결합니다.

알파벳 위치 학습을 시작했다고 공책쓰기를 서둘러 진행할 필요는 없습니다. 개인 활동으로 넘어가는 공책쓰기 진행은 Chapter 5의 학습놀이를 참고하세요.

알파벳과 초기 문해력
Alphabet & Early Literacy

문해력文解力은 시대와 사회 속에서 재정의되는 개념입니다. 우리나라 교육부는 2022 교육과정 개정안 중 초등 저학년 국어과에 한글 및 기초 문해력 교육 강화를 언급하였으며, 주요 정책 중 하나로 디지털 매체 문해력 신장을 포함하였습니다. 고전적인 의미의 문해력에서부터 시대를 반영한 문해력의 정의를 모두 교육계의 현안으로 아우르고 있는 것입니다. 유네스코[4]의 정의에서도 이러한 흐름을 읽을 수 있습니다.

> 리터러시(literacy)는 한두 번의 노력으로 습득할 수 있는 것이 아니다.
> 과거에는 리터러시를 읽기, 쓰기, 세기(counting) 능력의 총합으로 이해했다.
> 하지만 디지털화가 가속화하고, 텍스트 매개가 활발하며,
> 정보가 범람하고, 변화 속도가 빠른 요즘과 같은 세상에서는
> 리터러시를 식별, 이해, 해석, 창조, 소통 등의 수단으로 이해한다.
>
> UNESCO. (2023). What You Need to Know about Literacy.

그렇다면 초기 문해력early literacy은 무엇을 의미할까요? 초기 문해력은 말 그대로 문해력의 입문 단계에서 필요한 기능입니다. 즉, 문해력의 기반이라는 의미입니다. 미국 오리건 대학교[5]는 초기 문해력의 5대 요소를 음소 인식, 자모 원리, 지문에 대한 정확성과 유창성, 어휘, 이해라고 소개했습니다.

---

4 https://www.unesco.org/en/literacy/need-know

5 University of Oregon. 문해력 진단도구인 DIBELS ® (Dynamic Indicators of Basic Early Literacy Skills) 평가를 주관하는 미국 주립대학이다. http://reading.uoregon.edu/

Early Literacy	Phonemic Awareness 음소 인식	듣기 기반 환경에서 음소에 대한 식별과 구체적인 조작 능력
	Alphabetic Principle 자모 원리	문자와 소리와의 대응 관계를 알고, 특정 단어를 구성하는 소리 값을 파악할 수 있는 능력
	Accuracy & Fluency 정확성과 유창성	의식적인 노력 없이도 주어진 문자 정보를 신속하고 정확하게 해독할 수 있는 능력
	Vocabulary 어휘	맥락에서 제시된 단어를 바르게 이해하고, 자신의 의도를 표현하기 위해 적합한 단어를 사용할 수 있는 능력
	Comprehension 이해	맥락에 대한 내용을 파악할 수 있는 능력으로, 모든 인지 기능이 동원되어야 하는 고차원적이며 종합적인 과정

초기 문해력의 요소[6]

이처럼 알파벳은 음소 인식을 제외한 초기 문해력의 모든 요소에 직접적으로 관여하고 있습니다. 영어 학습자는 알파벳을 기반으로 문자와 소리의 대응 관계를 파악하게 되고, 문자 정보를 해독하게 됩니다. 알파벳 습득 자체를 영어 학습의 목적이라 말할 수는 없지만 성공적인 영어 학습을 위해서 알파벳 지식에 대한 안정적인 기반이 반드시 필요합니다.

그렇다면 한 사람의 문해 능력은 어떤 과정을 거쳐 발달되어 갈까요? 영국 오프스테드Ofsted[7] 출신의 짐 로즈는 초기 독서 교육 전문가로 문해력의 발달 영역에 대해 표로 제시한 바 있습니다[8]. 표의 가로축은 '단어 인지 과정', 세로축은 '내용 이해 과정'을 의미합니다. A~D의 각 공간은 이러한 가로축과 세로축의 조합입니다. 이를 단순화하여 소개하면 다음과 같습니다.

---

[6] 김소영. (2021). 초등학생을 위한 웹 기반 영어 초기 문해력 검사 도구 개발 및 적용. 중앙대학교대학원. 박사학위논문

[7] The Office for Standards in Education, Children's Services and Skills. 영국의 비정부(non-ministerial) 정부 부서로 영국의 각종 교육 및 보육 기관과 서비스 제공자가 특정 기준 이상을 충족하도록 검사, 규제, 보고, 개선, 모니터링의 업무를 수행한다.

[8] Rose, J. (2006). Independent review of the teaching of early reading. https://dera.ioe.ac.uk/id/eprint/5551/F21

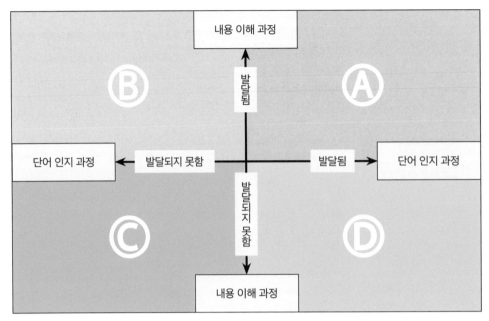

문해력의 발달 영역

먼저, 문자 언어 학습을 처음 시작하는 학습자는 단어 인지 기능과 내용 이해 기능이 모두 발달하지 못한 상태인 C 영역에서 출발합니다. 이후 단어 인지는 가능하고 내용 이해에 어려움이 있는 상태인 D 영역으로 이동할 것입니다. 그리고 학습이 거듭 진행될 수록 이 학습자의 문해 능력은 단어 인지와 내용 이해가 모두 가능한 A 영역으로 도달할 것임을 예상할 수 있습니다.

B 영역에는 어떤 학습자가 속할까요? 앞서 우리는 문자 언어에 대한 내용 이해는 단어 인지를 기반으로 발달함을 확인한 바 있습니다. 그렇기 때문에 단어 인지가 불가능한 상태로 내용을 이해할 수 있다는 B 영역은 사실상 존재할 수 없습니다[9]. 아무리 유창하게 글을 읽을 수 있다해도 그 글이 무슨 뜻인지 알지 못한다면 그 사람의 문해 수준은 결국 단어 해독만 가능한 D 영역에 속한 것으로 보는 것이 타당합니다. 비슷한 이유로 초기 문해력 요소인 '정확성과 유창성'을 '유창성'만으로 표기할 수 있습니다. 정확하지 않은 유창함은 의미가 없으니까요.

....

9 음성 언어의 도움이 있다면 가능할 수 있지만, 문자 자체만으로는 내용 파악이 어렵기 때문이다.

알파벳 기능 습득의 중요성은 이렇게 거시적인 스펙트럼이 아니더라도, 오늘의 영어 수업 시간에도 그대로 적용됩니다. 다른 학생들은 내용을 이해하여 독서 후 활동after-reading activity에 참여하고 있을 때, 아직도 단어 인지 영역에 머무르고 있는 학생을 한 번 떠올려 보시기 바랍니다. 이러한 현상이 한 학년에 걸쳐, 혹은 교육 전 단계에서 누적된다면 어떻게 될까요? 문자 해독 수준은 결국 그 학생이 단위 시간 내에 접근할 수 있는 학습 수준을 결정하게 될 것입니다. 팬데믹 이후 더욱 이슈가 되고 있는 기초학력의 문제는 이러한 악순환이 수면 위로 올라온 것으로 해석할 수 있습니다.

더 나아가 알파벳 기능 습득은 학습 효율의 문제와도 연결되어 있습니다. 학습 효율이란, 학습에 투자한 에너지에 대비하여 얼마나 학습이 효과적으로 진행되는 가를 뜻합니다. 모두에게 동일한 시간이 주어지고 그 시간 내에 새로운 내용을 익혀야 한다면, 당연히 학습 효율이 높은 학생일수록 주어진 내용을 빠르고 정확하게 이해한 뒤 그 내용을 자기의 것으로 만들 것입니다.

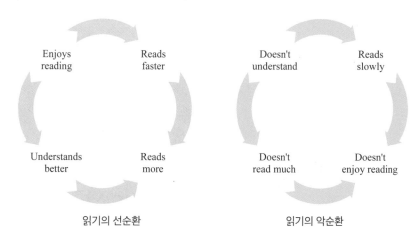

| 읽기의 선순환 | 읽기의 악순환 |

Nuttall에 의한 읽기의 선순환과 악순환 모형[10]

영국의 교육학자이자 EFL 교사였던 크리스틴 너탤(2005)은 '읽기의 선순환' 모형을 제시하면서, 빨리 읽을 수 있는 독자는 더 많이 읽게 되고, 더 잘 이해하게 된다고 설명한 바 있

10 Nuttall, C. (2005). *Teaching reading skills in a foreign language.* (3rd ed.). Oxford: Macmillan.

습니다. 그리고 이 경우 그만큼 읽기가 즐거워진다고 하였습니다. 반면에 느리게 읽는 독자는 읽기가 즐겁지 않고, 많이 읽지도 않으며, 이해도 어렵다고 설명한 바 있습니다. 이것이 바로 '읽기의 악순환'입니다.

'빨리 읽는다(read faster)'와 '느리게 읽는다(read slowly)'는 단순히 속도의 문제가 아닙니다. 보다 근본적으로, 단어 인지, 다시 말해 문자 해독decoding의 문제일 수 있습니다. 주어진 시간이 한정된 상황에서 문자 해독 단계에 과도한 시간과 에너지를 쏟은 학습자는 보다 상위 수준인 단어, 문장, 문맥을 파악하는 단계로 나아가기 어렵습니다. 우리가 학습에 사용할 수 있는 시간과 학습에 집중할 수 있는 에너지의 양은 제한되어 있기 때문입니다.

이처럼 '읽기 위한 학습 시기'에서 발달되어야 하는 기능을 습득하지 못한 채 '학습을 위한 읽기 시기'[11]로 진입하게 되면 읽기의 악순환에 빠질 수 있습니다. 이것이 알파벳 지식에 대한 유창성이 어린 학습자에게 얼마나 중요한지 거듭 강조하는 이유입니다.

---

11 21쪽, Part 1. 알파벳 수업 멘토링 'INTRO' 참고

최근 3학년을 3년 연속하여 지도하면서 새삼스럽게 깨달은 점이 있습니다. 알파벳 학습이 즐거워야 영어 공부가 즐거워 진다는 사실입니다. 3학년 학생들 모두 듣기, 말하기 활동에는 즐겁고, 자신있고, 적극적입니다. 그러나 문자 학습을 시작하는 순간, '구어와 달리 문어 학습은 학습자의 의식적인 노력을 필요로 한다'는 말을 실감하게 되었습니다.

6학년이 되면 오죽할까요. 수업에 참여하지 않는 학생들은 어찌보면, '살 하고 싶시만 할 수 없는' 학생들입니다. 이런 학생들은 단어 해독이 어렵기 때문에 문자에 대한 소리 내어 읽기가 어렵습니다. 그러다 보니 단어를 외울 수도 없습니다. 단어의 스펠링, 발음 등의 정보가 장기 기억으로 저장되려면 먼저 단어 해독이 가능해야 하기 때문입니다. 이러한 이유로 6학년 영어과 학습 부진을 걱정하는 선생님들은 모두 알파벳 학습부터 다시 시작해야 한다고 얘기합니다.

알파벳 지도 과정에서 교사들이 놓치지 말아야 할 중요한 부분은 배움에 대한 학습자의 적극적인 사고와 의지입니다. 문자 학습의 시작과 같은 알파벳 학습 시간이 지루하고 힘들다면 그 다음 단계로 나아가고자 하는 의욕이 생길 리 없습니다. 이 시기 학생들은 아직 책상 앞에서만 하는 학습에 집중하기 어렵기 때문에 학생들의 발달 단계를 고려하여 영어 학습에 흥미를 갖고 지속해 나갈 수 있도록 수업을 다채롭게 계획할 필요가 있습니다.

지금까지 Chapter 3에서는 관찰이라는 관점을 통해 학생들이 알파벳 지식을 인지하고 정확하게 받아들일 수 있는 학습놀이를 제안하였습니다. 이어지는 주제는 '연습'입니다. 반복 연습은 알파벳에 대한 유창성을 습득하는 과정에서 꼭 필요하지만 지루해지기 쉬운 과정입니다. 다음 Chapter 4의 학습놀이에서 효과적인 반복 연습 방법을 함께 확인해 봅시다.

Chapter 04 연습

🗨 알아볼까요

연습, 내 것으로 만들기 위한 의식적인 노력

연습은 알파벳 지식에 대한 유창성을 확보하기 위한 과정입니다. 특별한 노력을 기울이지 않아도 환경 속에서 자연스럽게 습득하게 되는 음성언어와 달리 문자언어는 의식적인 학습과정을 필요로 합니다[1].

학습學習이란, 단어 자체에서부터 '배움(學)'과 '익힘(習)'이 공존하고 있습니다. '연습'이라는 영어 단어 practice 역시 그 어원은 '반복되는 행위'를 의미한다고 합니다. 우리가 지도하는 대부분의 학습자는 모국어인 한글 체계를 기반으로 영어를 받아들이게 됩니다. 그 과정에서 모국어의 도움을 받을 수도 있지만, 한글과 영어는 엄연히 서로 다른 언어인만큼 충분한 연습을 하도록 관심과 노력을 기울여야 합니다.

● 에빙하우스의 망각 곡선 Ebbinghaus' Forgetting Curve

독일 심리학자 에빙하우스가 제시한 망각 곡선은 학습 후 시간이 흐름에 따라 유지되는 학습 기억의 양을 보여줍니다. 이 그래프는 시간이 지날수록 기억은 감소하지만 정보를 반복 학습하면 그 기억을 강화할 수 있고, 따라서 학습한 내용을 오랫동안 기억하고 활용하려면 꾸준한 복습이 필요하다는 것을 나타냅니다.

물론 망각 곡선은 이론이 아닌 가설에 불과하지만, 기억하려는 의지나 노력이 없다면 시간이 지날 수록 학습한 내용을 잊게 될 것은 분명한 사실입니다. 그렇기 때문에 알파벳 기초를 탄탄히 쌓기 위해서 복습을 통한 연습은 반드시 필요한 과정입니다.

---

1 Ontario Ministry of Education. (2003). Early reading strategy. The report of the expert panel on early reading in Ontario.

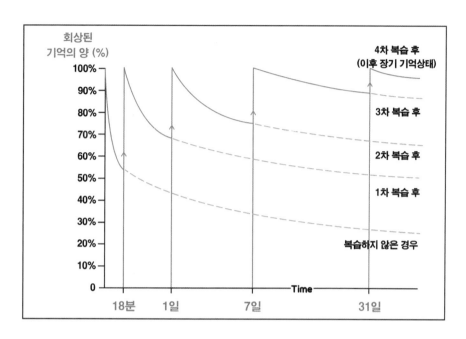

에빙하우스의 망각 곡선

　　교실 현장에는 다양한 특성의 학습자가 존재하고 있습니다. 문자언어를 배우는 과정에서 쓰기 활동을 선호하는 학습자가 있는가 하면, 그림으로 표현해보아야 기억이 강화되는 학습자가 있습니다. 반면에 글씨 쓰기나 그림 그리기는 싫어하지만, 노래로 배우거나 몸을 움직이며 연습할 때 문자언어를 더 잘 터득하는 학습자도 있습니다. 이처럼 교사는 기계적인 반복을 제시하기보다 저마다 다른 학습 성향을 지닌 학습자 모두가 의미를 부여하고 흥미를 가지고 참여할 수 있는 다양한 연습 방법을 적용하여 의식적인 학습과정이 일어나도록 지도해야 합니다.

🔍 알려주세요

Q 3학년 1학기, 한 학기면 알파벳 습득이 가능한가요?

A 결론부터 얘기하자면, 모든 학생에게서 같은 결과를 기대할 수는 없습니다.

학습의 결과는 학습자의 배경, 관심과 노력에 따라 달라집니다. 3학년 시작과 함께 알파벳을 처음 배우기 시작해도 문제없이 학습을 따라오는 학생이 있는가 하면, 이미 학원을 다니고 알파벳을 배웠음에도 반복되는 오류가 고쳐지지 않는 학생들도 있습니다. 심지어 6학년 학생 중에도 알파벳 학습이 필요한 학생들이 존재합니다. 현재 초등 영어 교과서에서는 알파벳 학습을 3학년 1학기에서만 다루고 있지만, 사실 알파벳은 초등학교 3~6학년 영어교육 전 과정의 학습소재입니다. 시기에 따라 학습의 초점이 달라지는 것 뿐입니다. 보통 Aa부터 Zz까지 이름을 알고 쓸 수만 있다면 알파벳 학습이 완성된 것으로 생각합니다. 하지만 초등학교 3~4학년 과정에서 알파벳 습득 자체를 목표로 삼았다면, 초등학교 5~6학년 과정에서는 문장의 완성도를 높이기 위해 정확한 알파벳 지식이 필요합니다. 이를 2022 개정 초등 영어교육과정 내용 체계에서 확인해보면, 알파벳은 다음과 같이 전 학년군에서 정교화되어야 하는 기능임을 확인할 수 있습니다.

이해 reception	표현 production	
3~4 학년군 • 알파벳 대·소문자 식별하기 • 소리와 철자 관계 이해하며 소리 내어 읽기	**3~4 학년군** • 알파벳 대·소문자 쓰기 • 소리와 철자 관계 바탕으로 단어 쓰기 • 철자 점검하며 다시 쓰기	**5~6 학년군** • 알파벳 대·소문자와 문장 부호 바르게 사용하기

2022 영어과 교육과정에 따른 내용 체계[2]

---

2 우리나라 교육과정. 2022 개정시기. 초등학교 영어과. NCIC 국가교육과정 정보센터.
https://ncic.re.kr/mobile.kri.org4.inventoryList.do

Q 알파벳을 A부터 Z까지 순서대로 배우는 게 의미가 있나요?

A 알파벳 순서보다 알파벳 지식의 자동화가 중요합니다.

자음과 모음을 구분하여 배우는 한글과 달리, 영어 알파벳 26자는 자음과 모음이 혼재되어 있습니다. 영어 교과서나 시중의 영어 교재를 보더라도 각각의 기준에 따라 알파벳 학습 순서를 서로 다르게 제시하고 있음을 확인할 수 있습니다. 예를 들어, 알파벳의 자음과 모음을 구분하여 학습 내용을 제시하거나 한글에 있는 소리와 없는 소리 등으로 학습 내용을 구성하고 있습니다. 중요한 점은 학습 순서가 아니라 어느 상황에서도 알파벳 지식을 유창하고 정확하게 사용할 수 있는 자동화입니다. 내 이름의 철자를 알려줄 때, 모르는 단어의 철자를 받아 적어야 할 때 등 처음부터 순서대로 알파벳을 읊어보지 않아도 바로바로 문자를 해독할 수 있는 기능이 필요합니다.

Q 학습자 발달 단계에 따라 알파벳 연습 방법에 차이가 있을까요?

A 네, 연령에 따른 발달 단계를 고려할 필요가 있습니다.

초등학교 3학년 1학기 동안 명시적으로 알파벳을 지도하면서 문자별 드릴drill 위주의 방식으로 직접적으로 접근했더라도, 2학기부터는 지도 방법을 우회할 필요가 있습니다. 보통 초등학교 3학년 1학기 말 즈음이면 대부분의 학습자가 알파벳 26자에 대한 기본 지식과 어느 정도의 유창성을 습득하게 됩니다. 학생들의 인지 능력이 발달함에 따라 알파벳 공부 자체를 시시하다고 여기는 학습자가 생기기도 합니다. 문제는 여전히 알파벳 지식이 불완전한 학습자가 무리 사이에 존재한다는 것인데, 이러한 학습자는 달라지는 분위기 속에서 자신이 알파벳을 아직 잘 구별하지 못하고 문자를 바르게 쓰거나 읽지 못한다는 사실을 숨기기 시작합니다. 따라서 점차 알파벳 학습을 단어 수준으로 상향하되 그 안에서 지속적으로 알파벳 지식을 연습할 수 있는 학습놀이를 적용해야 합니다. Chapter 4 [학습놀이]에서 소개할 워드 스크램블Word Scramble이나 단어 찾기Word Search처럼 단어 수준의 활동 같지만 학습자가 직접적으로 조작하는 것은 알파벳인 학습놀이를 적극적으로 활용하기 바랍니다. 교사는 반복 연습으로 인해 학습 진행이 한 걸음 늦어지더라도 미숙련된 학습자가 기본적인 알파벳 지식에 지속적으로 노출될 기회를 제공해야 합니다.

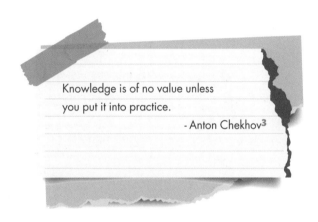

Knowledge is of no value unless
you put it into practice.

- Anton Chekhov[3]

3   안톤 체호프. 러시아 소설가이자 극작가이다. 19세기 말 러시아의 사실주의를 대표하며 근대 단편소설의 거장이라는 평가를 받는다.

학습놀이 4-1

알파벳 징검다리
Stepping ABC Stone

OBJECTIVES	☐ 자신감	☐ 듣기에 대한 집중	☑ 알파벳 이름
	☐ 알파벳 소리	☑ 알파벳 형태	☑ 알파벳 위치
MATERIALS	썼다 지웠다 알파벳 카드 (칠판용) 8~10개		

IN-CLASS PROCEDURE

STEP 1 빈 카드 배치

교사는 칠판에 빈 알파벳 카드를 붙인다.

STEP 2 알파벳 카드 작성

① 지원하는 학생들이 칠판 앞으로 나와 낱말카드 하나에 알파벳을 하나씩 쓴다.

② 교사는 작성된 알파벳 카드를 함께 살펴보며, 희망하는 학생들이 나와서 크기가 작거나 형태 또는 위치에 이상이 있는 알파벳을 수정하도록 한다.

③ 교사는 완성된 알파벳 카드를 중앙이 살짝 솟은 산 모양의 가로 한 줄로 배치한다.

STEP 3 활동 방법 안내

학생들에게 다음과 같이 활동 방법을 알려준다.

① 한 회당 두 명의 학생이 참여하는 읽기 활동이다. 각자의 출발점에서 시작하여 다른 쪽 끝에 도착하면 개인점수 1점을 받는다.

② 다른 쪽 끝에 도착하기 위해 알파벳 카드를 손으로 짚어 가며 큰 소리로 차례대로 읽어간다. 중간에 한 알파벳 카드에서 두 학생이 만나면 읽어 가던 것을 멈춘다.

만약 두 학생이 거의 동시에 다음 알파벳으로 넘어갔다면, 큰 목소리로 정확하게 말한 학생이 한 칸 더 진행한 것으로 인정한다.

> **Point**
>
> 이해 가능한 목소리 크기와 정확한 발음이 중요하다는 것을 강조한다. 속도에만 초점을 두는 경우, 학생들의 목소리는 점점 작아지고 발음은 부정확해지기 때문이다.

③ 두 학생은 교사의 신호에 맞춰 가위-바위-보를 한다. 이긴 학생은 그 알파벳 위치에서 대기하고, 활동을 재개하면 그 알파벳부터 읽어간다. 진 학생은 교체되고 다음 학생이 나와서 교체된 학생의 출발점에서 활동을 시작한다. 이후 방법은 같다.

④ 한 학생이 반대쪽 끝까지 도착하였으면, 학생 두 명을 모두 교체하고 각 출발점에서 활동을 새로 시작한다.

STEP 4 카드 배치 변경

활동 시작 전 배치된 알파벳 카드의 순서를 바꿀 수 있다. 희망하는 학생은 나와서 각 알파벳의 이름을 말하고 카드의 배치를 바꾼다.

STEP 5 알파벳 읽기

카드 배치를 완료하면, 읽는 방향과 속도에 변화를 주며 여러 번 함께 읽어 본다..

STEP 6 활동 시작

활동을 시작한다. 학급의 모든 학생이 참여할 때까지 진행을 반복한다.

STEP 7 마무리

다양한 방법으로 알파벳 카드를 소리 내어 읽어 보며 활동을 마무리한다.

> **Point**
>
> 본 활동 전후로 반드시 목표 알파벳을 다 함께 확인하고 읽어보도록 한다. 끝난 후에는 모든 학생들의 목소리가 커져 있고, 정확도과 유창성이 향상되어 있는 것을 확인할 수 있다.

SAMPLE LESSON

T `STEP 2` 알파벳 카드 작성

Look at these letters. Now, we have a list of letters in blue. Let's take a closer look at them. Do you see any letters that are small or strange?

Ss Yes, look at the 'G'! The uppercase 'G' and the lowercase 'g' aren't positioned correctly.

T Who can rewrite them?

Ss Me!

T S1, come and rewrite the uppercase G and the lowercase g in red.

T `STEP 4` 카드 배치 변경

Now, we have 10 letters in a row. If you'd like, you can change the order.

S2 I want to change the order.

T Choose any two letters, say them aloud, and then swap their positions.

T `STEP 6` 활동 시작

(두 학생이 한 알파벳 카드에서 만났을 때)
Whoa! Hold on there. Let's see who can keep it going. Rock-paper-scissors!

Ss Rock-paper-scissors!
(진 학생은 자리로 돌아간다.)

김소영 멘토의 Tip

💡 알파벳을 읽는 정확도와 유창성에 따라 개인별 활동 속도는 달라지지만, 가위-바위-보라는 운 요소가 있기 때문에 알파벳 기본기가 약한 학생도 참여 부담이 덜한 활동입니다. 다른 학생들의 활동 모습을 지켜보는 순간에도 계속 눈으로 쫓아가며 무의식적으로 연습을 하게 된다는 효과도 있습니다. 엎치락뒤치락 반전의 재미가 크고, 단어 읽기 활동에도 적용이 가능한 학습놀이입니다.

💡 참여 순서를 미리 안내하여 학생들이 대기하면, 시간을 효율적으로 사용할 수 있습니다. 다음과 같이 개인/모둠별 참여 순서를 정할 수 있습니다.

• 학급 전체로 진행하는 경우

장점: 점수 경쟁이 과열되지 않는다. 개인의 순서가 빨리 돌아올 수 있다.

단점: 서로 교차되는 지점에서 다음 사람이 누구인지 혼선이 있을 수 있다.

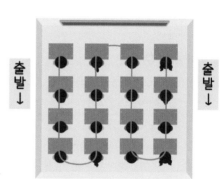

• 모둠으로 진행하는 경우

장점: 다음 사람이 누구인지 혼선이 없다.

단점: 교사가 의도하지 않은 모둠간 점수 경쟁이 있을 수 있다.

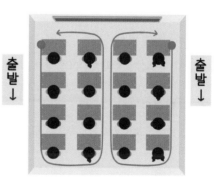

알파벳 문자 밸런스 게임
Letter Balance Game: This or That

OBJECTIVES

☐ 자신감   ☑ 듣기에 대한 집중   ☑ 알파벳 이름

☐ 알파벳 소리   ☑ 알파벳 형태   ☐ 알파벳 위치

MATERIALS   알파벳 자석(교사용, 학생용), 미스터리 박스

IN-CLASS PROCEDURE

STEP 1 알파벳 읽기

교사는 학생들과 알파벳 자석을 하나씩 소리 내어 읽으며 칠판에 일렬로 붙인다.

STEP 2 활동 방법 안내

학생들에게 다음과 같이 활동 방법을 알려준다.

① 교사와 학생 각각 자신의 알파벳 자석을 사용한다.

② 교사는 알파벳 두 개를 선택하여 이름을 말해주고 미스터리 박스에 넣는다. 학생들은 교사가 선택한 알파벳 두 개 중에서 하나를 선택한다.

③ 교사는 미스터리 박스에서 알파벳 하나를 꺼내 손 안에 쥐고 있다. 이후 학생들은 교사의 three-two-one 신호에 맞춰 자신이 선택한 알파벳을 공중에 들어올리면서 이름을 외친다.

④ 교사는 자신의 손 안에 있는 알파벳이 무엇인지 보여준다. 일치한 학생은 1점을 받는다.

STEP 3 전체 활동 시작

학생들은 자신의 책상에 알파벳 자석을 알아보기 좋게 배열하고 활동을 시작한다.

STEP 4 모둠 활동

전체 활동을 통해 충분히 연습한 이후에는 모둠 내에서 진행한다.

SAMPLE LESSON

T **STEP 3** 전체 활동 시작

I put K and Z in this mystery box. Now I choose one. I keep it in my hand. It's a secret.
Please choose between K and Z from your letters. When I say, "Three-two-one," please show me
your letter in the air. I am also going to show you the letter in my hand. Whoever has the same
letter as mine will get one point.

Ss Okay

T Three-two-one!

Ss K! Z!

T Let me see. I have K in my hand!

Ss (K를 든 학생들) Yeah!

(Z를 든 학생들) Oh, no!

김소영 멘토의 Tip

- 알파벳을 찾아내는 속도와 정확성이 아닌, 운 요소가 활동의 성패를 좌우하기에 알파벳 기본기가 약한 학생도 참여 부담이 덜한 활동입니다.

- 교사는 알파벳 대문자를, 학생은 알파벳 소문자를 사용하면 자연스럽게 대소문자 연결을 강화할 수 있습니다.

- 학생용 알파벳 자석이 부족한 경우 짝/모둠 활동으로 변형이 가능합니다. 2인 이상의 활동으로 진행하면 어떤 알파벳을 선택할지 의견을 모으기 위해 학생들이 알파벳의 이름을 많이 부르게 된다는 장점이 있습니다. 이때, 이름은 함께 외치되 알파벳 자석은 한 명씩 번갈아 들어 올리도록 약속을 정합니다.

- 알파벳 자석 대신 학생들이 자신이 사용할 알파벳 카드를 직접 써서 만든 후, 후속 활동에 지속적으로 활용하도록 해도 좋습니다.

학습놀이 4-3

워드 스크램블
Word Scramble

OBJECTIVES

☐ 자신감　　☐ 듣기에 대한 집중　　☑ 알파벳 이름

☐ 알파벳 소리　☑ 알파벳 형태　　☑ 알파벳 위치

MATERIALS　워드 스크램블 문제(PPT 슬라이드), 알파벳 자석(교사용, 학생용), 자석형 화이트보드, 쟁반

IN-CLASS PROCEDURE

STEP 1 알파벳 읽기

교사는 알파벳 자석을 학생들에게 하나씩 보여주면서 칠판에 붙이고, 학생들은 알파벳 이름을 소리 내어 읽는다. 예 t - a - c

STEP 2 활동 방법 안내

학생들에게 다음과 같이 활동 방법을 알려준다.
① 함께 학습한 단어 중, 교사가 제시한 알파벳으로 만들 수 있는 단어를 생각한다.
② 모둠별 화이트보드에 알파벳 자석을 붙여 완성한다.

STEP 3 활동 준비

모둠별로 알파벳 자석, 화이트보드, 쟁반을 나눠준다.

STEP 4 활동 시작

활동을 시작한다. 원활한 진행을 위해 문제는 파워포인트로 제시한다.

STEP 5 결과 확인

모둠별 결과를 확인한다.

STEP 6 활동 반복

STEP 4~5를 반복한다.

STEP 7 마무리

모둠별 전체 활동 결과를 확인한다. 활동에 사용된 단어 전체의 발음과 철자를 하나씩 말해보면서 학습을 마무리한다.

SAMPLE LESSON

T | **STEP 1** 알파벳 읽기
What's this? Can you read this?

Ss T!

T And this?

Ss A!

T And this?

Ss C!

T | **STEP 2** 활동 방법 안내
We have 't', 'a' and 'c'. Can you make a word using 't', 'a', and 'c'?

Ss It's 'cat'.

T How can we arrange 't', 'a', and 'c' to make 'cat'?

Ss Arrange them as 'c-a-t'!

T Now, make a word using 'p', 'u', 'm' and 'j'. In your group, arrange these four letters to make a possible word.

Ss Okay!

T You have only one minute. When you're finished, show me your board.

💡 초기 학습자에게는 알파벳 자석을 활용한 워드 스크램블이 적합합니다. 쓰기로 인한 여러 부담(알파벳 형태 표현, 쓰기 속도 등)을 덜 수 있고, 자석 조작만으로 여러 경우의 수를 생각해 볼 수 있어 진행이 빠르기 때문입니다.

💡 단어 지식이 뒷받침되어야 하는 만큼, 워드 스크램블은 기본적으로 난이도가 있는 활동입니다. 학급 상황에 따라 개인, 짝, 모둠 활동의 형태를 유연하게 적용해 보세요.

💡 학생들에게 알파벳을 제시할 때, 알파벳의 상하좌우를 바꿔서 제시하면 난이도가 한층 높아집니다.

💡 교사는 미리 사용할 알파벳 조합과 답이 되는 단어를 목록으로 정리하고, 단어를 구성하고 있는 문자의 순서를 바꾸었을 때 다른 단어가 만들어지는 anagram이 발생하는 것은 아닌지 확인해야 합니다. 한편 학생 수준에서 이해 가능한 다른 단어를 만들 수 있다면, 오히려 이를 알려주거나 학생들이 발견해낸 단어를 적극적으로 물어봄으로써 단어 학습에 흥미를 돋워 줄 수 있습니다.

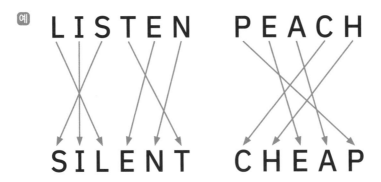

예

LISTEN   PEACH

SILENT   CHEAP

워드 서치
Word Search

OBJECTIVES	☐ 자신감	☐ 듣기에 대한 집중	☑ 알파벳 이름
	☑ 알파벳 소리	☑ 알파벳 형태	☑ 알파벳 위치
MATERIALS	워드 서치 활동지, 실물 화상기		

IN-CLASS PROCEDURE

STEP 1 활동지 제시

교사는 실물 화상기를 활용하여 활동지를 보여준다.

STEP 2 활동 방법 안내

교사는 학생들과 문제 1~2개를 함께 풀며 활동 방법을 알려준다. 단어를 찾으면 다 함께 철자를 읽어보고 발음을 한다.

> **Point**
>
> 단어에 대한 확인없이 활동 속도에만 신경 쓰는 학생이 발생하는 것을 막기 위해 반드시 전체 활동을 진행한 후 개별 활동으로 전개한다.

STEP 3 개별 활동 시작

학생들에게 활동지를 나눠주고 스스로 해결하도록 한다.

STEP 4 쓰기 연습

다 찾은 학생은 활동지에 나온 단어를 공책에 n회씩 써보도록 한다. 또는 활동지 자체에 단어를 쓸 수 있는 공간을 구성하고 그 곳에 단어를 쓰도록 한다.

STEP 5 결과 확인

실물 화상기를 사용해서 다 함께 답을 확인한다. 단어마다 철자를 읽고 발음을 하는 방법으로 확인한다.

> **Point**
>
> 전체 답을 일방적으로 보여 주고 알아서 확인하라는 식의 방법은 느린 학습자에게는 적합하지 않다.

SAMPLE LESSON

T **STEP 2** 활동 방법 안내

Let's begin the Word Search. You can find a word horizontally and vertically.

Ss Are there any words in diagonal directions?

T Oh, yes. Some words are hidden diagonally. When you find a word, circle it and write the word here.

swim

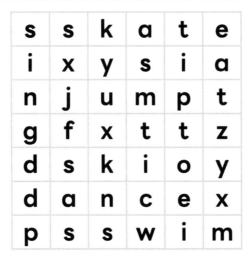

s	s	k	a	t	e
i	x	y	s	i	a
n	j	u	m	p	t
g	f	x	t	t	z
d	s	k	i	o	y
d	a	n	c	e	x
p	s	s	w	i	m

dance

sing

jump

ski

skate

tiptoe

eat

김소영 멘토의 Tip

 동일한 워드 서치에 대해서 학습지 한 면은 그림 힌트(난이도 높음)로, 다른 면은 단어 힌트(난이도 낮음)로 구성하여 수준별 학습으로 운영할 수 있습니다.

 단어 쓰기 활동으로 연계할 경우, 다음 유형의 학생을 집중적으로 점검합니다.

1) 알파벳 쓰기가 힘든 유형

대부분 알파벳 이름-형태 인지가 느린 학생입니다. 알파벳 하나하나마다 보고 쓰거나, 쓰는 순서를 몰라 자신만의 방식으로 그리기에 가깝다 보니 알파벳 쓰기가 불편하고 시간도 많이 걸리는 유형입니다. 이러한 학생은 시간 내 완성하지 못한 단어량이 늘어나기 때문에 점차 쓰기 자체가 싫어질 수 있습니다. 알파벳을 쓰는 순서부터 기본적으로 점검할 필요가 있습니다.

2) 철자 암기가 힘든 유형

알파벳 이름-형태부터 바르게 알고 있는지 점검해야 합니다. 이후 음가와의 관련성을 생각해보면서 소리 내어 연습하도록 지도해야 합니다. 단순히 학습량 부족인 경우도 이 유형에 해당합니다.

3) 알파벳 수준에서는 바르게 쓸 수 있으나 단어 쓰기가 어려운 유형

단어와 단어간 구분이 가능한지부터 점검해야 합니다. 단어 내에서는 철자 간격을 좁히고, 단어 간에는 상대적으로 간격을 넓혀야 한다는 인식이 부족한 학생인 경우, 무엇을 적어도 결국 알파벳의 나열처럼 보이기 때문에 단어 학습이 어려워 질 수 있습니다. 쓰기 학습은 칠판쓰기에서 시작하고, 공책쓰기도 모델링을 제공해야 하는 이유입니다.

알파벳 찾기
Alphabet Scavenger Hunt

OBJECTIVES
☐ 자신감 ☑ 듣기에 대한 집중 ☑ 알파벳 이름
☑ 알파벳 소리 ☑ 알파벳 형태 ☑ 알파벳 위치

MATERIALS 그림 카드, 화이트보드, 보드 마커, 보드 지우개

IN-CLASS PROCEDURE

STEP 1 단어 제시

그림카드 세 장을 하나씩 보여주며, 학생들에게 무엇인지 묻는다.
예 Word 1: cat, Word 2: apple, Word 3: dog

STEP 2 활동 방법 안내

연습 문제를 통해 학생들에게 활동 방법을 설명한다.
① "What's this letter? [Word 1] has this letter. [Word 2] has this letter. But [Word 3] doesn't have this letter."
② 함께 답을 확인한다.
③ 교사는 칠판에 각 단어의 철자를 써주고, 한 번 더 활동 방법을 설명한다.

STEP 3 활동 준비

전체 학급을 2인 또는 3인 모둠으로 편성하고, 모둠별로 화이트보드, 보드 마커, 지우개를 나눠준다.

STEP 4 활동 시작

활동을 시작한다.

STEP 5 마무리

활동에 나온 전체 단어를 상기하고 철자를 말해보면서 학습을 마무리한다.

SAMPLE LESSON

T **STEP 2** 활동 방법 안내

I told you three words. What were they?

Ss Cat, apple, dog.

T Can you tell me how to spell, 'cat'?.

Ss C-a-t.

T How about 'apple' and 'dog'?

Ss A-p-p-l-e and d-o-g.

T My question was, 'What's this letter? CAT has this letter. APPLE has this letter. But DOG doesn't have this letter.' What's the answer?

Ss It's 'a'!

T Right. 'Cat' and 'apple' have 'a', here and here. But the word 'dog' doesn't have any 'a's. This game goes like this, a spelling game.

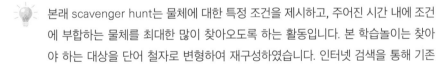

김소영 멘토의 Tip

💡 본래 scavenger hunt는 물체에 대한 특정 조건을 제시하고, 주어진 시간 내에 조건에 부합하는 물체를 최대한 많이 찾아오도록 하는 활동입니다. 본 학습놀이는 찾아야 하는 대상을 단어 철자로 변형하여 재구성하였습니다. 인터넷 검색을 통해 기존 scavenger hunt의 문제로 활용할 수 있는 많은 이미지를 살펴볼 수 있습니다.

💡 제시되는 단어를 듣고 바로 철자를 떠올릴 수 있어야 한다는 점에서 난이도가 있는 활동입니다. 개인 활동보다는 짝 활동 또는 4인 이내의 모둠 활동으로 운영하는 것을 권장합니다.

💡 단어를 제시할 때 그림카드를 보여줌으로써 기본 난이도를 낮게 설정하였으나, 그림카드를 제외하고 말로만 단어를 제시하면 활동 난이도를 높일 수 있습니다.

추가 학습놀이 교안

앞서 소개한 5가지의 학습놀이 이외에도 다채로운 활동으로 알파벳을 즐겁게 익히고 연습할 수 있습니다. 효과적인 누적 반복 연습에 활용할 수 있는 7가지 학습놀이를 추가로 소개합니다.

알파벳 찾기 Alphabet Treasure Hunt

OBJECTIVES: 알파벳 이름, 알파벳 형태, 알파벳 위치

MATERIALS: 알파벳 자석 또는 알파벳 카드 Aa~Zz

교실 이곳저곳에 숨겨진 알파벳 자석을 찾은 뒤, Aa부터 Zz까지 순서대로 배열하여 읽어보는 활동이다. 학급 전체가 협동하여 참여할 수 있는 활동이라는 특징이 있다. 알파벳 26자 중 일부만 선택하여 난이도를 높이는 방식의 응용도 가능하다.

파리채 알파벳 Flyswatter ABC Game

OBJECTIVES: 듣기에 대한 집중, 알파벳 이름, 알파벳 형태

MATERIALS: 칠판용 썼다 지웠다 낱말카드 5개 2세트, 파리채 3~4개

교사가 카드에 적혀 있는 소문자 이름 말해주면, 두 학생이 이를 듣고 해당 소문자와 짝을 이루는 대문자 카드를 보드에서 찾아 파리채로 치는 활동이다. 안전하고 즐거운 활동을 위해 사전에 파리채 사용 방법과 순서 교체 방식에 대한 약속을 정하는 것이 필요하다.

내 주변의 알파벳 Letters from Signboards

OBJECTIVES: 알파벳 이름, 알파벳 형태

MATERIALS: 영어 간판 사진 PPT 슬라이드, 태블릿 PC(학생용)

주변 거리에서 흔히 볼 수 있는 간판에 어떤 영어 알파벳이 포함되어 있는지 찾아보는 활동이다. 영어 학습내용을 간판이라는 실생활 소재와 연계한 활동이라는 특징이 있다. 간판 속 사용된 알파벳의 의미를 알아보고 새 어휘를 소개하는 방식의 확장이 가능하다.

텔레파시 게임 Telepathy Game

OBJECTIVES: 듣기에 대한 집중, 알파벳 이름, 알파벳 형태, 알파벳 위치

MATERIALS: 실물화상기, 공책 또는 화이트보드(학생용)

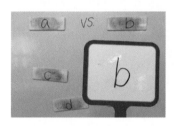

교사가 제시한 두 개의 알파벳을 공책이나 화이트보드에 따라 쓴 후, 교사가 마음 속에 고른 하나의 알파벳이 무엇일지 맞춰보는 추측 게임 형태의 활동이다. 재미있는 게임에 참여하며 자연스럽게 알파벳 쓰기 연습을 할 수 있다는 장점이 있다.

이구동성 With One Voice Game

OBJECTIVES: 듣기에 대한 집중, 알파벳 이름, 알파벳 형태, 알파벳 위치

MATERIALS: 네 글자 단어카드, 모둠별 화이트보드, 보드 마커, 보드 지우개

네 명의 학생이 각각 맡은 알파벳 이름을 동시에 외치면 나머지 학생들이 이를 조합하여 무슨 네 글자 단어인지 화이트보드에 적어 맞추는 활동이다. 듣기에 대한 집중을 요할 뿐 아니라, 단어를 유추하는 사고력, 알파벳을 형태와 위치에 맞게 쓰는 능력까지, 종합적인 학습능력이 요구되는 활동이다.

알파벳 잇기 Crossword Puzzle on Their Own

OBJECTIVES: 알파벳 이름, 알파벳 소리, 알파벳 형태, 알파벳 위치

MATERIALS: 알파벳 잇기 활동지, 실물화상기, 교과서

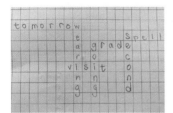

가로세로 낱말퍼즐과 같이 단어를 가로, 세로, 또는 대각선으로 이어서 쓰는 활동이다. 2~3명의 학생들을 한 모둠으로 편성하는데, 교과서를 참고할 수 있으므로 모둠 내 학생들의 영어 실력 편차는 진행에 크게 상관이 없다. 철자를 소리 내어 읽으며 단어를 적어야 하므로 알파벳 인지 강화에 도움이 되는 활동이다.

알파벳 팔찌 만들기 Alphabet Bracelet

OBJECTIVES: 알파벳 이름, 알파벳 형태

MATERIALS: 실물화상기, 개인 접시, 접착 테이프, 팔찌 재료(알파벳 구슬, 장식 구슬, 고무줄 끈)

알파벳 구슬을 배치하여 원하는 단어를 만들고 그 구슬을 꿰어 팔찌로 만드는 미술 연계 융합 활동이다. 형태가 유사한 L의 소문자와 대문자 I, 방향을 바꾸면 모양이 비슷해 지는 M-W, N-Z처럼 혼동하기 쉬운 알파벳의 형태를 다시 점검하는 기회가 된다. 3학년 1학기 말 알파벳 학습을 마무리 하는 활동으로 적합하다.

알고 있나요

학생들이 보이는 알파벳 오류 유형

의외로 학생들은 알파벳 쓰기 활동을 좋아합니다. 그렇다고 모든 학생들이 오류 없이 알파벳을 쓸 수 있는 것은 아닙니다. 학생들이 쓰기 과정에서 보이는 오류 대부분은 인지 발달 과정에 있어 예상 가능한 몇 가지 유형으로 나뉩니다. 학생들의 쓰기 오류 유형을 함께 살펴보고 지도에 도움이 되기를 바랍니다.

● 좌우 대칭 오류

문자의 좌우 방향을 바꿔 쓰는 오류로, 이렇게 표현된 문자를 거울문자mirrored letter라고 부릅니다. 알파벳 학습을 시작한 초기 학습자의 쓰기 결과물에서 보이는 가장 대표적인 오류 중 하나이며, 다시 두 가지 유형으로 구분할 수 있습니다.

첫째, 문자의 좌우 방향이 바뀜으로 인해 이미 존재하는 또다른 문자로 표현되는 경우입니다. 알파벳 소문자 b와 d, p와 q의 형태를 서로 혼동하는 경우가 이에 해당합니다.

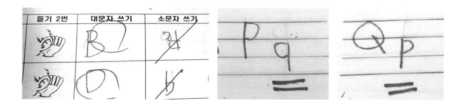

이는 영어권 저학년 학습자의 쓰기 결과물에서도 발견되는 자연스러운 현상입니다. 우리나라 초등학교 1학년 학생들 중에도 한동안 한글 ㄹ이나 ㅈ을 반대 방향으로 쓰는 학생들이 있는 것처럼 말입니다. 좌우에 대한 인식이 확립되면 이러한 오류는 자연스럽게 줄어들지만, 단어 학습이 진행된 다음에도 여전히 이러한 오류를 보이는 학습자가 있습니다. 3학년과 6학년 학생의 쪽지 시험지 일부를 살펴보겠습니다.

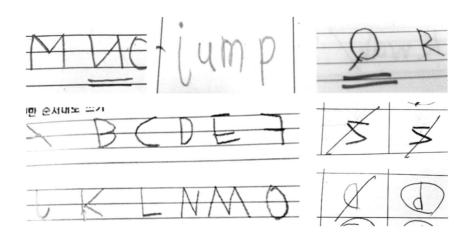

어떤 단어일까요[4]

사실, 우리나라 영어교과서는 주제별로 어휘를 구성하기에 쓰기 결과물에 오류가 있더라도 학습 과정 속에서는 대부분 원래 어떤 단어를 쓰려고 했던 것인지 파악할 수 있습니다. 하지만 맥락 없이 학습자가 자유로이 쓴 단어는 당사자에게 직접 확인하지 않고는 이해가 어려울 것입니다. 만약, 그 잘못된 형태로 실제 존재하는 다른 단어까지 있다면 쓰기 오류는 의사소통의 오류로도 이어질 수 있습니다. 학습이 진행될수록 점점 제시된 맥락에서 벗어나 개인의 의사표현을 위해 영어를 쓰게 되는 만큼, 알파벳 초기에 학습자의 쓰기 결과물에 대한 세심한 점검이 필요합니다.

둘째, 문자의 좌우 방향이 바뀜으로 인해 존재하지 않는 문자로 표현되는 오류입니다. 대문자 N, 대소문자 Ff와 Jj에 대한 오류가 빈번하며, 드물지만 대문자 Q, D, Z에 대해서도 이러한 오류를 발견할 수 있습니다.

---

4 dad, dance, cold. 위 학생들에 대해서는 알파벳 형태 뿐만 아니라 해당 알파벳의 소리를 인지하고 발음하는 데에도 문제가 있는 것은 아닌지 종합적으로 확인할 필요가 있다. 해당 쪽지 시험은 단어를 듣고 받아 적는, 받아쓰기 형식의 쪽지 시험이었기 때문이다.

3학년 학생들에게 '알파벳의 생김새가 왜 헷갈릴까?'라고 물어본 적이 있습니다. 학생들은 익숙한 방향으로 기억하게 된다고 말하면서, 대문자 D의 경우에는, 대소문자 Bb처럼 소문자 d의 불룩 나온 방향에 맞춰 대문자 D를 잘못 쓰는 것이라고 설명했습니다.

한편, 헷갈리는 알파벳 문자의 방향을 기억하려고 이미 자신만의 방법을 생각해낸 학생들이 있었는데, 대부분이 자신에게 친숙한 사물의 이미지로 연상한다고 하였습니다. 소문자 b-d, p-q같은 경우에는 다음의 이미지를 사용할 수 있습니다.

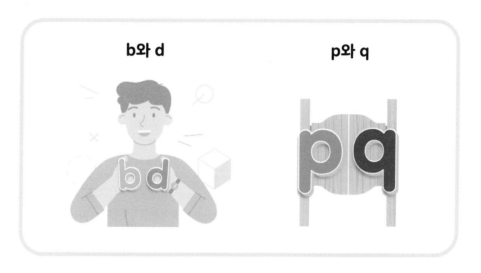

문자의 형태를 시각화하여 기억하는 것은 매우 유의미한 방법입니다. 학생들과 함께 적절한 연상 이미지를 찾아보거나, 학생 스스로 자신에게 의미 있는 사물과 알파벳 형태를 연결하여 그림, 신체, 물체로 표현해 보는 것은 알파벳의 형태 기억에 좋은 방법이 될 것입니다.

● 정확하지 않은 손 글씨로 인한 오류

저학년 학습자보다 오히려 고학년 학습자에게서 빈번한 오류입니다. 알파벳의 이름을 정확히 알고 있으며, 인쇄물을 포함하여 다른 사람의 글씨를 인지할 때는 문자 간 혼동이 없음에도 정작 자신은 각 문자의 특징을 제대로 살리지 못한 글씨를 쓰는 경우입니다.

첫째, 막고 열림이 정확하지 않은 경우입니다. 소문자 α를 u처럼 쓰거나, g를 y로 쓰는 경우가 가장 빈번합니다. 이외에도 소문자 b-h, c-o에 대해서도 이러한 오류를 보입니다.

어떤 단어일까요[5]

둘째, 표현해야 하는 길이가 정확하지 않은 경우입니다. 보다 정확히 말하면, 글자의 부분 간에 기대되는 비례가 정확하게 표현되지 않은 문제입니다. 이러한 오류는 소문자 h-n, n-r, u-y에 집중되어 있습니다.

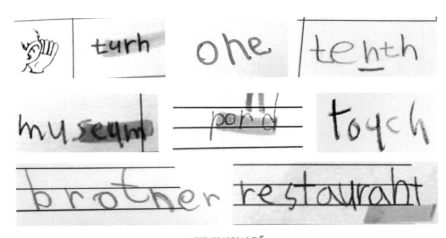

어떤 단어일까요[6]

---

5 grade are you in?, eighth

6 turn, one, tenth, museum, pond, touch, brother, restaurant

셋째, 표현해야 하는 방향이, 또는 길이와 방향 모두 정확하지 않은 경우입니다. 대부분 소문자 v-r, f-t에 집중되어 있습니다.

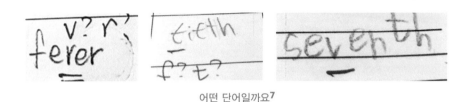

어떤 단어일까요[7]

넷째, 상하 형태를 혼동하는 경우도 있습니다. 대부분 소문자 n-u에 집중되어 있습니다.

어떤 단어일까요[8]

손 글씨가 정확하지 않은 오류의 문제는 설령 쓴 사람 본인은 구분할 수 있더라도 상대 방에게는 다른 알파벳으로 보일 수 있다는 점입니다. 심지어 학생 본인도 자신이 쓴 글자가 무엇인지 헷갈려 하기도 합니다. 알파벳을 처음 쓰는 단계에서부터 '이렇게 쓰면 어떤 글자처럼 보일까?', '이렇게 쓰면 뭐가 문제일까?'하는 질문을 던져볼 필요가 있습니다. 이런 연습을 통해 학생들은 자신이 쓴 글씨를 점검하는 눈을 키우게 될 것입니다.

----

7   fever, fifth, seventh

8   tenth, run, dance

● **기타 오류**

1) 대소문자 혼용에 대한 오류

대소문자 형태가 같거나 거의 비슷한 문자인 C-c, F-f, K-k, M-m, O-o, S-s, Z-z에 대해
대소문자를 섞어서 쓰는 경우입니다.

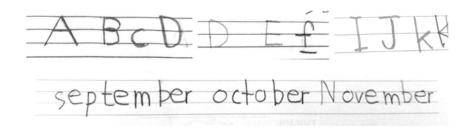

2) 위치에 대한 오류

사선에서 세 번째 선 아래로 위치해야 하는 소문자 j, g, y에 이러한 오류가 집중되어 있
습니다. 대문자를 소문자의 위치처럼 내려 쓰거나 소문자를 대문자의 위치처럼 올려 쓰는
경우입니다.

한편, 한글처럼 생각하며 모든 글자의 바닥선을 맞추려는 것으로도 보입니다. 이러한
오류는 영어실력과 상관없으며, 빈 공간에 답을 써야 하는 선만을 제시했을 때에는 이러한
오류를 보이지만, 사선에 쓰도록 했을 때는
바르게 쓰는 학생들도 있다는 점에서 재미있
는 오류 사례입니다.

이와 같은 오류를 최소화하기 위해서는 알파벳 쓰기를 좀 더 세심하고 성급하지 않게 접근할 필요가 있습니다. 우리가 한글을 처음 배웠을 때를 떠올려 볼까요? 제일 먼저 연필 잡는 법부터 배웠습니다. 그 다음 한글 자모음을 쓰는 순서를 배웠습니다. 그리고 한글 자모음의 올바른 위치를 배우기 위해 바둑판 십자 공책에 글씨쓰기 연습을 했습니다. 이러한 학습은 한 두 달로 끝나지 않고, 초등학교 1, 2학년 시기에 걸쳐 꾸준히 이루어졌습니다.

이에 비해 우리는 영어쓰기의 기초에는 노력을 소홀히 합니다. 알파벳은 한글과는 다른 체계를 지닌 문자입니다. 이름, 형태, 위치가 모두 다릅니다. 초등학교 고학년이 되어서도 알파벳 쓰는 순서를 몰라서 그림 그리듯 쓰는 학생들이 있습니다. 알파벳 문자 지도를 소홀히 하면 안되는 이유입니다.

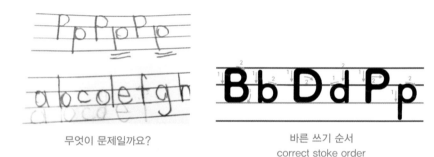

무엇이 문제일까요?

바른 쓰기 순서
correct stoke order

위 사례에서 소문자 p, b, d의 문제가 보이시나요? 한 붓 쓰기처럼 글자를 써야 하는데 모두 두 번에 나눠 쓰고 있어서 p는 사선 아래로 내려 쓴 l과 o로, b는 사선 위에 쓴 l과 o로, d는 o와 l로 보입니다. 이외에도 소문자 α를 a의 형태로 쓰는 학생들 중에 이러한 오류가 빈번합니다. 알파벳 쓰는 순서를 확인할 필요가 있으며, 소문자 a는 α처럼 쓰도록 지도할 필요가 있습니다.

그렇다면, 이와 같은 손 글씨로 인한 오류는 어떻게 지도할 수 있을까요? 무엇보다 학습자가 자신의 결과물을 점검하는 눈을 키워야 합니다. 특히, 교사에게 검사를 받기 전에 스스로 먼저 점검할 수 있어야 합니다. 탄탄한 알파벳 기초를 쌓기 위한 마지막 단계, 학습결과물 점검에 필요한 전략을 Chapter 5에서 알아봅시다.

Chapter 05 학습결과물 점검

💬 알아볼까요

학습결과물 점검, 학생과 교사 모두를 위한 과정

교사는 수업을 통해 알파벳 학습이 온전히 이뤄졌는지 확인하기 위하여 다양한 과제를 제시하거나 평가를 진행할 수 있습니다. 학습한 알파벳을 여러 번 개인 공책에 쓰도록 하거나, 알파벳을 불러주고 받아쓰기를 하는 것은 이러한 과제나 평가의 가장 일반적인 형태일 것입니다. 그렇다면 이러한 학습결과물 점검 과정에 있어 주체는 누가 되어야 할까요? 흔히 과제를 확인하고 채점하는 교사만 해당된다고 생각하기 쉽지만, 학생 역시 학습결과물 점검 과정에 주체가 되어야 합니다. 또한 학생은 이 점검 과정을 통해 스스로가 무엇을 알고, 무엇을 모르는지 가늠하는 기회, 즉 자신의 학습을 메타인지 영역까지 확장하는 기회로 삼을 수 있어야 합니다. 한편 교사는 이러한 학습결과물 점검 과정을 단순한 일회성 점검이 아닌 과정중심평가의 일환으로 활용해야 할 것입니다.

한국교육과정평가원[1]은 과정중심평가에 대해 '학습의 과정과 결과에서 지속적으로 학습 성과를 파악하여 학생의 성장을 적시에 지속적으로 지원하는 평가 본연의 기능을 회복하고자 하는 것'이라고 정의하였습니다. 이처럼 교사는 꾸준한 학습결과물 점검을 통해 학생이 지금 학습내용을 얼마나 이해하고 있는지 뿐만 아니라 과거와 비교하였을 때 이해도가 얼마나 향상되었는지 판단하여 이를 수업 계획의 근거로 활용해야 합니다.

---

1 한국교육과정평가원. (2019). 현장과 소통하는 KICE 연구·정책 브리프.

● 학습결과와 피드백

피드백이 학습 과정 및 성취도에 미치는 영향에 대해 연구한 해티와 팀펄리는 학습자가 다음 세 질문에 답할 수 있을 때 피드백이 의미를 지닌다고 하였습니다.

피드백을 위한 세 가지 질문[2]
Hattie & Timperley's Three Feedback Questions

이러한 질문을 통해 현재 상태와 목표 상태 간 격차를 줄일 수 있다는 것인데, 학습자가 자신의 상황을 파악하는 만큼 피드백을 보다 필요로 하고 적극적으로 받아 들이게 된다고 하였습니다.

궁극적으로 학습결과물 점검은 학생에게도 교사에게도 단순한 숙제 검사나 평가, 그 이상이어야 합니다. 학습결과물 점검은 형성평가formative evaluation의 기능 뿐만 아니라 학생들이 한 걸음 더 성장할 수 있는 기회로써의 역할을 수행해야 합니다. 설령 평가 과정을 통해 교사의 기대나 초기에 설정한 목표에 미치지 못하는 결과를 얻었다 하여도 괜찮습니다. 학습결과물 점검을 통해 얻는 정보는 학생과 교사 모두에게 다음 학습 단계를 준비하게 돕는 귀중한 피드백이 됩니다.

2 Brooks, C., Carroll, A., Gillies, R., & Hattie, J. (2019). A Matrix of feedback for learning. *Australian Journal of Teacher Education 44*(4), 13-32. https://files.eric.ed.gov/fulltext/EJ1213749.pdf

알려주세요

Q 시험을 자주 보면서 알파벳 학습결과를 점검하고 피드백을 주는 것은 어떨까요?

자, 이번 시험 결과예요. 틀린 부분은 바르게 고쳐서 공책에 세 번씩 써 오세요.

(많이 틀린 시험지를 보면서) 이게 뭐야. 사선에 쓰는 건 다 틀렸네. 이걸 세 번이나 쓰라고? 근데 왜 틀린건지 모르겠다!

알파벳을 정확하게 모르는 친구들이 많아서 다음 시간에 한 번 더 시험 볼 거니까, 다음에는 틀리지 않도록 공부하세요.

으아! 또 시험 본다고?

A '얼마나 자주'보다는 '어떻게'에 대해 고민해 보세요.

'얼마나 자주 시험을 보면 만족스러운 학습결과를 얻을 수 있을까'가 아닌 '어떻게 평가를 구성해야 유의미한 결과를 도출할 수 있을까'와 '어떻게 하면 시험결과를 피드백으로 잘 활용할 수 있을까'를 고민하셔야 합니다. 시험결과가 피드백의 역할을 온전히 수행할 수 있는가의 여부는 학생의 수준 대비 결과가 어떠한지, 학생은 그 결과에 어떠한 의미를 부여하는지, 학생 및 교사는 그 결과를 어떻게 활용할 것인지, 그 결과가 다음 학습에 어떤 영향을 미칠 것인지 등 복합적인 요소로 결정됩니다.

시험결과가 유의미한 피드백이 되려면, 먼저 학생은 자신의 오류를 어떻게 수정해야 하는지를 알고 있어야 합니다. 그리고 앞서 소개하였듯이 자신의 목표를 알고 그 시험에 대한 필요성과 의미를 부여하고 있어야 할 것입니다. 그렇지 않고는 '자주 보는 시험'은 학생에게는 불필요한 긴장감을, 교사에게는 채점과정으로 인한 소모감만 가져올 것입니다.

Q 학습자별 맞춤형 피드백을 주고 싶은데, 단순 채점만으로도 시간이 모자라요. 무슨 방법이 있을까요?

A 교사 피드백에도 요령이 필요합니다.

지도하는 학생수가 많을수록, 학습 내용에 오류를 보이는 학생들이 많을수록, 학생들 한 명 한 명에게 맞춤형 피드백을 준다는 것은 쉽지 않습니다. 특히 '말'이 아닌 '글'로 남기는 피드백일수록, 교사의 시간, 노력, 에너지를 요구합니다. 따라서 피드백에는 교사의 전략이 필요합니다.

FEEDBACK STRATEGIES

다음과 같이 효율적인 피드백을 위한 여섯 가지 교수 전략을 소개합니다.

전략 1 공책쓰기 활동 전 칠판쓰기 활동 진행하기

공책쓰기는 학습한 내용을 정리하고 복습의 기회를 제공하는 매우 유용한 활동이지만 개인 활동이라는 점에서 함정이 될 수 있습니다. 알파벳의 형태와 위치에 대한 지식이 정확하지 않은 학습자는 결과물에 오류가 있을 수 밖에 없고, 그 오류에 대한 피드백은 오롯이 교사의 몫이 됩니다. 따라서 공책쓰기 이전에 칠판쓰기라는 전체 활동을 통해서 학생들과 평가 관점을 공유하는 단계가 필요합니다. 정확한 알파벳과 정확하지 않은 알파벳을 보여주고, 알파벳을 정확하게 쓰지 않으면 어떤 문제가 생길 수 있는지 등 관련 오류를 인지할 수 있는 눈을 키워줘야 합니다. 이러한 전체 활동을 충분히 진행하면 선생님의 역할을 지원할 수 있는 또래 선생님이 생깁니다. 공책쓰기로 넘어가는 시점에 모든 학생이 알파벳 지식을 완벽하게 습득하지 못했어도 정확하게 인지하는 또래 선생님이 있으면 교사의 수업 운영에 큰 도움이 됩니다.

전략 2 '개별 피드백 vs. 학급 전체 지도' 여부 판단하기

순회지도를 하다 보면 상당수의 학생들이 공통적으로 질문하는 부분이 생깁니다. 또한 본인은 틀렸는지 모르고 있지만, 선생님의 눈에는 여러 학생들이 반복하고 있는 오류가 보이게 됩니다. 이러한 요소는 학급 전체를 대상으로 다시 지도하는 편이 효과적입니다. 단, 다시 설명할 때는 모든 학생들이 하던 일을 멈추고 집중할 수 있도록 해야 합니다. 알파벳 학습에도 듣기 훈련이 필요한 이유입니다.

전략 3 학생 스스로 오류를 찾도록 유도하는 피드백 제공하기

새로운 것을 배우는 과정에서는 시행착오를 겪기 마련입니다. 이때 문제의 해결책을 찾아내는 것은 학생의 몫이어야 합니다. 교사가 떠먹여 주듯 제시한 답은 학생들 기억 속에 남지 않습니다. 학생의 수준에 따라 어떠한 힌트를, 얼마나 구체적으로, 어느 수준까지 알려줄 것인지가 달라져야 합니다. 특히 쓰기 오류에 대한 피드백을 주는 경우 학생에게 무엇이 문제가 되는지를 구체적으로 알려줄 필요가 있으며, 이때 전략 1 에 의한 학습훈련의 도움을 받을 수 있습니다. 교사가 '무엇이 이상하지?'라고 묻는 순간, 주변의 학생들이 자연스럽게 관심을 보일 것입니다. 이후 학생들은 서로의 공책을 비교하며 함께 오류를 찾아보기도 하고 또는 개별적으로 자신의 쓰기 결과를 한 번 더 점검하게 될 것입니다. 단, 또래 점검은 상호존중의 학급 분위기를 바탕으로 운영되어야 합니다.

전략 4 학습량을 조절하여 적시에 적당량의 피드백 제공하기

느린 학습자는 알파벳에 대한 학습이 확장되고 심화될수록 이전 학습 내용도 소화하지 못한 채 다음 단계로 끌려가고 있을 가능성이 높습니다. 알파벳 지식이 정확하지 않다 보니 학습량이 누적될수록 한 번에 받게 되는 피드백의 양도 늘어나게 되고, 이를 감당하기 어려워 영어가 싫어지는 악순환이 시작될 것입니다.

알파벳 26자는 결코 만만한 분량이 아닙니다. 알파벳 문자 학습 초기 만큼은 학생들의 학습 진행 상황을 자주 점검하고, 적당한 양을 꾸준히 반복학습으로 진행할 필요가 있습니다. 그래야만 느린 학습자 또한 오류 수정에 대한 부담감을 덜어내고 학습에 참여할 수 있습니다. 덧붙여 4~6학년 대상의 수업이라 해도 학년 초에 알파벳 지식에 대한 출발점 수준을 점검하고 어려움이 예상되는 학생을 미리 파악해야 합니다.

전략 5 알파벳 학습 초기에는 알파벳 요소별로 학습을 구분하여 진행하기

알파벳을 배운다는 것은 이름, 소리, 형태, 위치라는 네 가지 요소가 복합된 지식을 배우는 것입니다. 그런데 일부 학습자는 처음부터 이러한 복합적인 학습으로 접근하는 것을 어려워합니다. 알파벳을 처음 접하는 학습자가 많을수록 학습 초기에는 요소별로 수업을 재구성할 필요가 있습니다. 요소별 수업을 통해 익혀야 할 지식이 이름인지, 소리인지, 형태인지, 위치인지 구체화하고, 활동 결과에 대한 분명한 피드백을 제시해야 합니다. 오늘 활동은 알파벳의 형태에 초점을 두고, 다음 활동은 알파벳 위치까지 초점을 두는 식으로 진행합니다. 이러한 과정을 통해 학습자는 무엇에 초점을 두어야 하는지 분명히 이해하게 될 것입니다. 평가에 있어서도 학습자의 발달 상황을 구분하여 평가할 수 있도록 시험지 양식을 구성할 수 있습니다.

전략 6 피드백 스티커/도장 활용하기

받아쓰기 방식으로 평가를 진행한 후, 학생들이 놓치고 있는 부분들을 하나하나 적어 주기에는 시간과 에너지가 많이 듭니다. 그렇다고 채점만 하고 아무 피드백 없이 돌려주기에는 해야 할 일을 다 하지 않은 듯한 아쉬움이 남기도 하고, 열심히 노력하고 있으나 학습 결과가 좋지 않은 학생들의 얼굴이 아른거립니다. 급한 마음에 응원의 글을 빠르게 써 놓으면 시험지를 돌려받은 학생에게서 알아보지 못하겠다는 질문이 어김없이 들어옵니다. 학습자가 알아보지 못하는 피드백은 아무런 의미가 없습니다. 이럴 때, 라벨지로 피드백 스티커를 만들어 두면 유용합니다. 다음을 참고하여 나만의 피드백 스티커를 만들어 보시기 바랍니다.

● **문자 학습에서 학생들이 보이는 공통적이고 반복적인 오류**

✓ 바른 형태로 알파벳을 썼는가

✓ 바른 위치에 알파벳을 썼는가

✓ 대소문자를 혼용해서 쓰고 있지는 않는가

✓ 문장쓰기 규칙을 지키는가 (대문자로 시작하기, 문장부호 사용하기 등)

● **피드백 스티커 제작 및 사용 방법**

① 필요한 피드백 문구 유형화

- 결과에 대한 단순 칭찬보다는 평소의 노력을 인정하는 문구가 좋습니다. 발전 방향도 알려주세요.

- 지도의 초점(예: 알파벳 이름, 소리, 형태, 위치)과 관련하여 무엇이 문제인지 알려주세요.

② 라벨지 선택

- 선생님의 피드백을 담을 수 있는 적당한 크기의 모양 라벨지를 선택합니다.

③ 피드백 스티커 제작

- 대상 학년의 수준에 적합하게 글씨 크기, 문구 표현, 내용 길이를 조절합니다.

- 내용 전달에 효과적인 글씨체를 선택하고 필요시 간단한 이미지도 추가합니다.

④ 피드백 스티커 활용

　　- 시험지를 공책에 붙여줄 때 사용합니다. 시험 기록을 누적할 수 있습니다.

　　- '이번엔 어떤 스티커를 받을까' 기대하는 학생들의 모습도 볼 수 있습니다.

　　이렇게 피드백 스티커를 만들어 활용하면 선생님의 시간과 에너지를 아낄 수 있을 뿐 아니라 누적되는 스티커의 내용을 통해 학생들의 발전 상황에 대한 파악이 용이해 집니다. 학생들 또한 받게 될 스티커의 내용을 기대하기 때문에 더욱 성의 있게 과제에 임한다는 부차적인 효과도 있습니다.

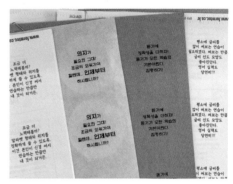

Feedback needs to be followed by
an opportunity to do it over [...]
without that opportunity to grow, it's not really
feedback, it's a comment.

- Holly Clark and Matt Miller [3]

3　홀리 클라크와 맷 밀러는 교육자이자 강연가로, 교육 관련 팟캐스트를 공동 운영하고 있다.

알파벳 짝 찾기
Matching Uppercase & Lowercase Letters

OBJECTIVES

☐ 자신감   ☐ 듣기에 대한 집중   ☑ 알파벳 이름

☐ 알파벳 소리   ☑ 알파벳 형태   ☑ 알파벳 위치

MATERIALS   알파벳 자석 대소문자 한 쌍, 자석형 칠판

IN-CLASS PROCEDURE

> **Point**
>
> 개인 활동인 공책쓰기로 넘어 가기 전에 학생들이 대소문자를 연결할 수 있는지, 대소문자간 상대적인 위치를 알고 있는지 점검할 수 있는 전체 활동이다. 본 활동은 알파벳 전체를 활용함으로써 학급 내 모든 학생들의 참여 기회를 보장한다. 또한 학생들에게 움직일 기회를 제공하며 또래 피드백이 가능하게 한다는 여러 장점이 있다.

STEP 1 알파벳 제시
교사는 알파벳 대소문자 자석을 칠판에 무순서로 붙인다. 학생들의 키를 감안하여 칠판 하단에 자석을 제시한다.

STEP 2 대소문자 연결
학생들이 나와서 알파벳 대소문자 짝을 찾아 연결한다. 한 번에 나오는 학생들의 수는 1~3명 내외로 제한한다. 순서대로 진행할 수도 있지만, 자신이 좋아하는 알파벳을 선택하도록 할 수 있다.

STEP 3 결과 점검
전체 학생들과 활동 결과를 점검한다.

STEP 4 활동 반복
모든 학생들이 활동에 1회 참여 할 때까지 STEP 2~3를 반복한다.

SAMPLE LESSON

T [STEP 2] 대소문자 연결

Who would like to give it a try?

Ss Me! Me!

T Okay, S1, S2, and S3. Please come forward.

Ss (대문자와 소문자 짝을 찾아 연결한다.)

T [STEP 3] 결과 점검

Let's check! Do they appear correct?

Ss Yes.

김소영 멘토의 Tip

 알파벳 제시 단계에서 다음과 같은 방법으로 활동 난이도를 낮출 수 있습니다.

1) 대문자와 소문자의 영역 구분하여 제시하기

시야가 넓지 않은 저학년 학습자가 칠판 전체를 훑어가며 알파벳을 찾는 데 걸리는 불필요한 시간도 줄여줍니다.

2) 알파벳을 바른 방향으로 제시하기

상하좌우 회전에 따른 형태 인지가 약한 학습자를 지원할 수 있습니다.

 교실 한 켠에 알파벳 놀이 공간을 마련하여 학생들이 평소에도 알파벳 자석을 조작할 수 있도록 기회를 제공합니다. 이러한 놀이 공간의 활용은 알파벳 학습 이후 진행될 단어 학습에도 도움됩니다.

 한 번에 알파벳 26자에 대한 대소문자 연결, 위치 학습을 진행할 수도 있지만, 평소 알파벳 4~5개씩 꾸준히 본 학습놀이를 형성평가로 활용할 수도 있습니다. 알파벳의 상하좌우를 회전하여 다양하게 제시하면서 학생들의 형태 인지 발달 정도를 점검하고 수업 계획에 반영해 보세요.

 공책쓰기가 이미 진행된 상황이라면 학생들은 칠판에 정리된 알파벳 대소문자를 각자 공책에 쓰며 마무리할 수 있습니다.

OBJECTIVES ☐ 자신감 ☑ 듣기에 대한 집중 ☑ 알파벳 이름

☐ 알파벳 소리 ☑ 알파벳 형태 ☑ 알파벳 위치

MATERIALS 교사용 화이트보드, 보드 마커 3~4지루

IN-CLASS PROCEDURE

STEP 1 알파벳 쓰기 1차

지원한 학생 3~4명에게 모두 동일한 문자를 쓰도록 한다. 예 Aa

STEP 2 결과 점검

1차 지도 중점을 '글씨 크기'에 두고 다음과 같이 진행한다.

① "친구들이 Aa의 모양을 바르게 썼나요?"

Point

학생들이 쓴 Aa를 살펴보며 바르게 쓴 부분은 칭찬하고 정확하지 않은 글자는 다른 글자로 보일 수 있음을 알려준다.

 둥근 윗부분을 끝까지 연결하지 않으면 u처럼 보일 수 있다.
예 u

 오른쪽 굽은 선이 충분히 휘어지지 않은 채 길게 쓰면 d처럼 보일 수 있다. 예 d

② (모두 바르게 썼다면, 제일 크게 쓰인 Aa를 가리키며)

"이 Aa를 제일 잘 쓴 거 같아요. 선생님은 왜 그렇게 생각했을까요?"

(형태에 대한 정확성이 떨어지더라도 제일 크게 쓴 Aa를 가리키며)

"형태는 틀렸지만 이 글자에 칭찬할 점이 있어요. 무엇일까요?"

③ "칠판에 나와서 쓸 때는 뒷자리에 앉은 친구도 잘 알아볼 수 있도록 글씨가 커야 합니다."

Point

저학년의 경우 '발표용 글씨 크기'에 대한 이해가 낮은 편이다. 따라서 칠판에 글씨를 쓸 때는 정확도 만큼이나 크기가 중요함을 의도적으로 알려줄 필요가 있다. 이렇게 학습훈련이 되면 학생들이 직접 글씨를 써서 완성한 자료로 각종 학습놀이를 진행할 수 있다.

STEP 3 알파벳 쓰기 2차

다음 지원학생 3~4명에게 다음 문자를 쓰도록 한다. 예 Ff

STEP 4 결과 점검

2차 지도 중점을 '형태의 정확성'에 두고 다음과 같이 진행한다.
① "친구들의 글씨 크기는 어떤가요?

Point

학생들의 글씨가 확연히 커졌을 것이다. 의도적으로 칠판에 가득 차게 글씨를 쓴 친구도 있을 수 있다. 지나치게 큰 글씨는 어떤 점에서 적합하지 않은지 설명한다.

② "친구들이 모두 Ff를 바르게 썼나요? 그렇지 않은 Ff가 있다면 이유가 무엇인가요?"

Point

 소문자 f와 t를 쓸 때, 선 위아래 중 어느 쪽이 휘어 있는가에 따라 알파벳이 달라짐을 알려준다.

③ "칠판 글씨는 공책 글씨보다 커야 하지만, 적당히 커야 하고, 바른 형태로 쓰는 것은 항상 중요합니다."

STEP 5 알파벳 쓰기 3차

다음 지원학생 3~4명에게 다음 문자를 쓰도록 한다. 예 Gg

STEP 6 결과 점검

3차 지도 중점을 '대소문자간 위치'에 두고 다음과 같이 진행한다.
① "글씨 크기는 어떤가요? 뒷자리에서도 잘 보이나요?"
② "대문자와 소문자 형태가 모두 정확한가요?"

Point

  g를 쓸 때, g의 윗부분을 끝까지 연결하지 않으면 y처럼 보일 수 있음을 알려준다.

③ (대문자 G와 소문자 g의 위치를 정확하게 쓴 글자를 가리키며)

"선생님은 이 Gg가 제일 잘 쓰여진 것 같아요. 왜 그렇게 생각했을까요?"

Point

- 모든 학생들이 위치를 정확하게 썼다면, 교사가 일부러 G와 g를 같은 높이로 쓰고 무엇이 이상한지 묻는다.
- 대소문자의 높낮이 인지가 느린 학생들이 있다. 모든 글자가 같은 선 상에 위치하여 높이 차이가 없는 한글의 영향을 받은 것으로 보인다. 한 번씩 짚어줄 필요가 있다.

STEP 7 활동 반복

해당 수업의 목표 문자만큼 칠판쓰기를 반복한다. 활동을 반복할 수록 ① 크기 ② 형태 ③ 대소문자 간 높낮이를 종합적으로 점검하며 진행한다.

김소영 멘토의 Tip

 본 학습놀이의 일차적인 목표는 '알파벳의 형태는 정확하게, 발표용 글씨는 크게 써야 한다'는 메시지를 전달하는 것이므로 1회 진행으로도 충분합니다.

 모든 학생들이 정확하게 이해할 수 있도록 우리말로 진행합니다.

 교실에서 학습한 알파벳을 소재로 하여 모든 학생의 출발선을 동일하게 설정합니다. 교사는 활동 중 쓰기 활동에 지원하지 않거나 틀리는 학생들을 확인하고 학습지도에 반영할 수 있습니다.

 알파벳 학습을 시작하는 단계에서 쓰기 학습은 다음과 같이 점진적으로 난이도를 높여 진행합니다.

전체 활동 (guided practice)		개인 활동 (individual practice)
일반 칠판 쓰기 →	사선 칠판 쓰기 →	공책 쓰기

사선 칠판에 쓰기
Writing on the Board with Lines

| OBJECTIVES | ☐ 자신감 | ☑ 듣기에 대한 집중 | ☑ 알파벳 이름 |
| | ☐ 알파벳 소리 | ☑ 알파벳 형태 | ☑ 알파벳 위치 |

MATERIALS 영어 학습용 사선 화이트보드 (전자칠판이라면 사선 공책 화면), 보드 마커 3~4자루

IN-CLASS PROCEDURE

STEP 1 알파벳 작성

지원학생 3~4명이 나와서 모두 동일한 알파벳을 쓴다. 예 Aa

STEP 2 결과 점검

알파벳 형태와 알파벳 위치에 중점을 두고 전체 학생들과 결과를 점검한다.

> **Point**
> - 형태와 높낮이가 정확하지 않은 글자는 학생들이 참여하여 수정한다.
> - Gg, Jj, Pp, Qq, Yy의 대문자-소문자 위치는 특히 강조하여 지도한다.

STEP 3 활동 반복

해당 수업의 목표 문자만큼 STEP 1~2를 반복한다.

SAMPLE LESSON

T **STEP 1** 알파벳 작성

Who would like to write the uppercase G and the lowercase g on the board?.

Ss Me!

T Okay, S1, S2, and S3, please come forward.

Ss (학생 1, 2, 3이 알파벳 Gg 대소문자를 사선 칠판에 적는다.)

T **STEP 2** 결과 점검

Let's check! Do they appear correct?

김소영 멘토의 Tip

💡 개인 활동인 공책쓰기로 넘어 가기 전에 '세 번째 선'에 대한 약속을 한 번 더 점검하면 좋습니다. 만약 사선 칠판이 없다면, 교사가 사선에 맞춰 알파벳을 쓰는 모습을 실물화상기 등으로 보여주면서 공책쓰기로 전개합니다.

💡 알파벳 대소문자의 크기와 높낮이를 정확히 표현하는 것이 중요합니다. Cc, Oo, Ss, Vv, Ww, Xx, Zz와 같이 대소문자 형태가 같은 알파벳이 있으며, 문장의 시작과 고유명사는 대문자로 시작하는 규칙이 있기 때문에 쓰기 연습 단계에서부터 대소문자를 구분하여 쓸 수 있도록 지도합니다.

공책쓰기
Writing in a Notebook

OBJECTIVES

☐ 자신감   ☑ 듣기에 대한 집중   ☑ 알파벳 이름

☐ 알파벳 소리   ☑ 알파벳 형태   ☑ 알파벳 위치

MATERIALS   실물화상기, 학생별 개인 영어 공책[4]

IN-CLASS PROCEDURE

STEP 1 함께 쓰기

교사는 교사 공책을 실물화상기로 비추면서 학생들과 속도를 맞춰 본인의 공책에 학습내용을 쓴다.

> **Point**
>
> 함께 공부한 내용이더라도 학생들이 알아서 쓰기보다는 교사가 학생들과 호흡을 맞춰 가며 하나씩 적어주는 편이 학생들의 이해를 돕고 오류를 줄일 수 있다. 교사가 제시한 자료를 보고 그대로 옮겨 적는 경우에도 마찬가지이다.

STEP 2 결과 점검

학생들은 교사와 함께 지정된 알파벳을 1회 쓴 다음 검사 받는다.

> **Point**
>
> 피드백 과정없이 처음부터 'n번씩 쓰기' 활동은 지양한다. 오류가 있는 학생은 그 오류를 반복해서 쓸 가능성이 높다.

STEP 3 개별 반복 쓰기

검사를 마친 학생들은 자기 자리로 돌아가서 지정 알파벳을 n회씩 더 쓴다.

---

4 학생들이 준비해야 하는 영어 공책을 구체적으로 알려준다. 3학년 학습자에게는 한 면에 10~12개의 사선이 있는 영어 공책이 적합하다.

SAMPLE LESSON

STEP 1 ① 날짜와 이름 쓰기

여러 반을 지도하는 교과교사인 경우, 검사하면서 학생들의 이름을 빨리빨리 생각해내기 어려운 경우가 있다. 날짜 옆에 항상 이름을 적도록 하면 검사할 때마다 학생의 이름을 불러줄 수 있다.

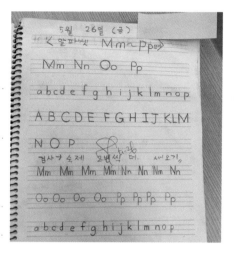

STEP 1 ② 활동 제목 적기

예 알파벳 Mm~Pp 쓰기

STEP 1 ③ 선생님과 함께 학습내용 적기

예 바른 알파벳 위치와 형태에 신경 쓰며 Mm~Pp를 함께 적는다.

STEP 2 결과 점검

STEP 3 개별 반복 쓰기

김소영 멘토의 Tip

💡 공책쓰기는 공책에 정리하는 학습훈련(날짜, 제목쓰기 등)부터 포함합니다. 고학년 학습자인 경우에도 학년 초기에 공책 정리 약속을 안내하고 진행할 필요가 있습니다.

💡 알파벳 학습에 대한 오류가 누적된 학생들은 학습량이 늘어날수록 공책쓰기를 힘들어 합니다. 그러나 공책쓰기 활동은 일회 학습량을 조절해서라도 꾸준히 진행해야 합니다. 교사와 함께 기본 1회를 쓴 다음에 더 써야 하는 n회의 경우, 이러한 검사 방식을 학년 초에 미리 안내하고 지속적으로 적용합니다.

💡 가끔은 텔레파시 게임을 접목한 공책쓰기를 진행하여 쓰기 학습의 원래 목적은 유지하되, 학생들이 즐겁게 학습에 임할 수 있도록 독려할 수 있습니다.

→ 111쪽, 추가 학습놀이 교안 [텔레파시 게임] 참고

출구 퀴즈
Exit Quiz

OBJECTIVES	☐ 자신감	☑ 듣기에 대한 집중	☑ 알파벳 이름
	☑ 알파벳 소리	☑ 알파벳 형태	☑ 알파벳 위치
MATERIALS	알파벳 카드		

IN-CLASS PROCEDURE

STEP 1 퀴즈 안내

수업의 도입 부분에서 그 날의 학습 순서와 함께 출구 퀴즈는 어떤 내용인지 알려준다.
학습자가 출구 퀴즈에 답하기 위해 해당 수업에 집중하게 된다.

STEP 2 줄 서기

수업이 끝나면 학생들은 문 앞에 한 줄로 선다.

STEP 3 퀴즈 응답

교사의 질문에 답한 학생들은 자신의 학급으로 이동한다.

SAMPLE LESSON

T STEP 2 줄 서기

It's time to say goodbye. Line up in front of the door. I'm going to show you a list of alphabet letters. Please read them.

S1 It's 'b'.

T Correct! Next.

S1 It's 't'.

T You've got it. Next.

S1 It's 's'.

T Oh! Let's look closely one more time.

S1 Oh, it's 'z'. Now I know!

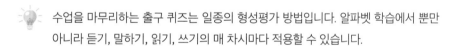

김소영 멘토의 Tip

💡 수업을 마무리하는 출구 퀴즈는 일종의 형성평가 방법입니다. 알파벳 학습에서 뿐만 아니라 듣기, 말하기, 읽기, 쓰기의 매 차시마다 적용할 수 있습니다.

💡 출구 퀴즈는 교사와 학습자 모두에게 의미있는 활동입니다.

- **교사**: 학생들의 당일 학습 이해도를 확인하고, 이를 다음 차시 수업 준비에 반영할 수 있습니다. 또한 학생 개인의 발달 상황 파악에 도움이 됩니다.

- **학생**: 출구 퀴즈를 통해 수업에 보다 집중할 수 있습니다. 자신이 알고 있다고 생각한 것과 실제 알고 있는 것을 점검할 수 있는 장치가 됩니다.

알파벳 받아쓰기
Alphabet Dictation

OBJECTIVES	☐ 자신감	☑ 듣기에 대한 집중	☑ 알파벳 이름
	☑ 알파벳 소리	☑ 알파벳 형태	☑ 알파벳 위치
MATERIALS	사전제작한 평가지5		

IN-CLASS PROCEDURE

STEP 1 평가 준비

학생들에게 평가지 구성 및 평가 방식을 안내한다.

STEP 2 평가 시작

교사는 문제마다 알파벳을 두 번씩 들려준다. 학생들은 알파벳을 듣고, 대문자와 소문자를 구분하여 사선이 없는 칸과 사선이 있는 칸에 각각 쓴다.

STEP 3 평가 진행

교사는 학생들의 쓰기 속도를 감안하면서 다음 문제로 진행한다.

STEP 4 마무리

모든 문제를 진행한 후에는, 처음부터 한 번씩 더 들려주며 점검할 수 있는 기회를 준다.

---

5 평가지는 A4 절반 크기로 양면 제작한다. 공책보다 작은 크기가 되어 깔끔하게 누적 보관할 수 있다.

SAMPLE LESSON

평가지 앞면

① 선생님이 불러주는 알파벳 듣기

② 해당 알파벳을 사선 없이 쓰기

③ 해당 알파벳을 사선 위에 쓰기

평가지 뒷면

1. 대문자만 순서대로 쓰기

2. 소문자만 순서대로 쓰기

뒷면은 교사의 의도에 따라 원하는 내용으로 구성한다.

- 받아쓰기가 평가를 위한 평가가 아닌 성장을 위한 평가가 되도록 세심하게 고려하여 운영해야 합니다.

- 같은 성취기준을 다루면서도 문제의 수준을 달리하는 양면 시험지를 제작하여, 학생들이 자신의 수준에 맞는 문제를 선택하여 풀거나 전부 다 풀도록 할 수 있습니다.

- 대소문자를 구분하여 사선이 없는 칸과 사선이 있는 칸에 각각 써야 하는 평가지의 구성상, 학생이 무엇을 알고 무엇을 모르는지를 분명하게 파악할 수 있습니다.

- 듣기 문제의 경우, 교사가 직접 읽어주거나 영어교과서의 전자저작물을 활용합니다. 이러한 방식의 듣기 평가는 듣기 인풋in-put이 되며, 듣기에 대한 학습훈련이 된다는 장점이 있습니다.

피드백과 코멘트

피드백feedback과 코멘트comment는 비슷한 듯 다른 개념이라 정확한 개념을 알고 적절히 사용할 필요가 있습니다.

\<Oxford English Dictionary\>

feedback	Information about reactions to a product, a person's performance of a task, etc. which is used as a basis for improvement.
comment	A verbal or written remark expressing an opinion or reaction.

상대방의 결과물에 어떤 형태로든 반응을 보인다는 점에서는 피드백과 코멘트는 비슷합니다. 그러나 피드백은 향상 방안을 포함하고 있다는 차이가 있습니다. 혁신 교육의 대표 주자인 홀리 클라크와 맷 밀러 역시 이 둘을 구분하며, 학생이 부족한 부분을 개선할 수 있도록 지원하는 교사의 의견은 '피드백'이지만 단지 교사의 생각을 전달하는 것 뿐이라면 '코멘트'라고 정리하였습니다.

● 피드백의 핵심요소

이해 중심 교육과정과 평가 개혁에 관한 연구로 널리 알려진 그랜트 위긴스는 효과적인 피드백을 위한 일곱 가지 핵심요소를 다음처럼 설명한 바 있습니다.

효과적인 피드백을 위한 일곱 가지 핵심요소[6]

① 목표 지향적인 Goal-referenced

피드백을 받는 학습자가 목표를 이룰 수 있도록 도움이 되는 정보를 제공해야 한다.

② 구체적이고 명확한 Tangible & Transparent

목표를 이루기 위해 학습자가 무엇을 해야 하는지 구체적이고 명확하게 제시해야 한다. 필요하면 영상 기록을 통해 학습자의 현 수준부터 분명하게 보여줄 필요가 있다.

③ 실행 가능한 Actionable

학습자가 다음에 무엇을 해야 하는지 실행 가능한 정보를 알려줘야 한다. 'Good job!', 'B+'와 같은 문구는 학습자에게 무엇을 하라는 것인지는 알려주지 않는다.

④ 학습자 친화적인 User-friendly

피드백은 학습자의 눈높이에 맞게 제시되어야 한다.

⑤ 적시에 Timely

피드백은 즉시immediately가 아닌 적시timely의 문제이다. 학습자가 아직 머릿속에 그 상황을 담고 있을 때 의미가 있다. 적시의 피드백을 위해 컴퓨터와 같은 기술적 장치를 활용하거나, 동료 학습자가 피드백을 주는 방법도 모색한다.

---

6 Wiggins, G. (2012). Seven Keys to Effective Feedback. https://www.ascd.org/el/articles/seven-keys-to-effective-feedback

⑥ 지속적인 Ongoing

자신이 받은 피드백을 활용해 자신의 학습에 반영할 기회를 제공해야 한다. 즉, 피드백은 총괄summative이 아닌 형성formative의 과정이어야 한다.

⑦ 일관성 있는 Consistent

피드백은 일관성이 있어야 한다. 동일한 잣대로, 변덕스럽지 않고, 신뢰할 수 있는 피드백을 제공해야 한다.

교사는 학생들에게 코멘트가 아닌 피드백을 주어야 합니다. 영어 알파벳을 처음 접하는 학생에게 알파벳 26자는 학습하기에 결코 적은 분량도 쉬운 난이도도 아닙니다. 그나마 다행인 점은 학생들이 알파벳 지식에 대해 보이는 오류 유형은 어느정도 정해져 있다는 사실입니다. 선생님의 시간과 노력은 절감하면서 효과적인 피드백을 제공할 수 있는 선생님만의 노하우를 찾아 그 노하우를 바탕으로 우리 학생들의 영어 학습 기반을 만들어 주시길 바랍니다.

Part 2
파닉스 수업
멘토링

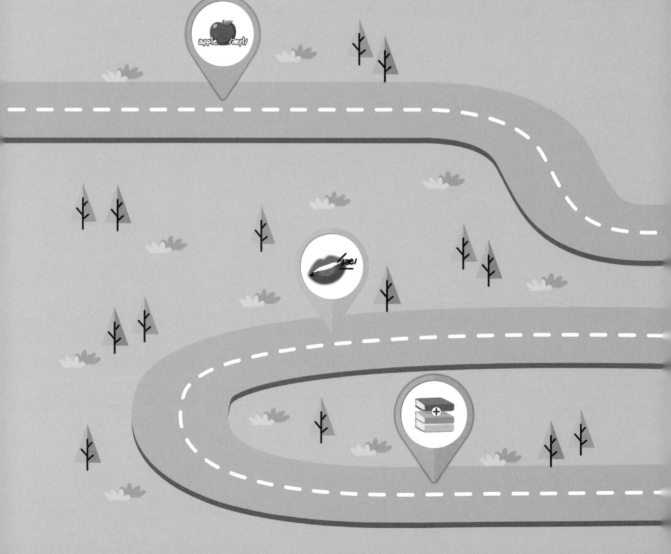

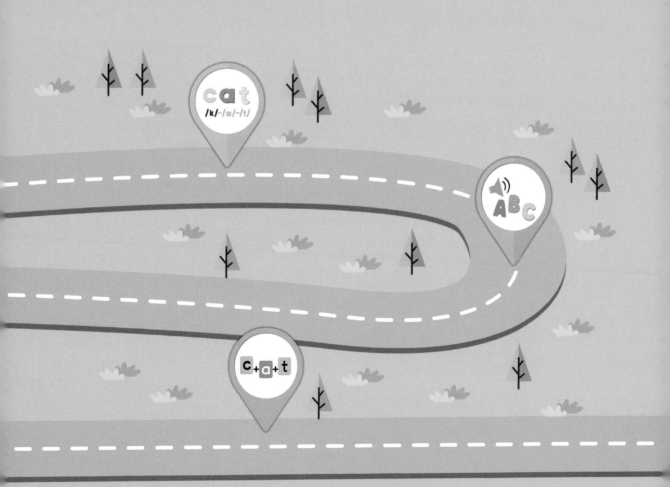

INTRO

영어 문자해독의
첫 번째 퍼즐, 파닉스

파닉스phonics는 문자로 제시된 단어를 소리-철자 대응관계를 활용하여 해독하는 음철법音鐵法입니다. 파닉스를 익힌 학습자는 단어의 철자만 보고 스스로 발음을 시도하거나, 반대로 발음을 듣고 철자를 시도할 수 있습니다.

초등영어에서 파닉스 교육의 중요성은 교육과정에도 반영되고 있습니다. 2022 개정 영어과 교육과정의 주요 개정 내용 중에 하나가 바로 파닉스 교육의 강화입니다[1].

2015 교육과정에서 파닉스 성취기준은 3~4학년군 읽기 영역과 5~6학년군 쓰기 영역으로 나뉘어 제시되었습니다[2].

2015 개정

【3~4학년군 읽기 성취기준】
소리와 철자의 관계를 이해하여 낱말을 읽을 수 있다.

【5~6학년군 쓰기 성취기준】
소리와 철자의 관계를 바탕으로 쉽고 간단한 낱말이나 어구를 듣고 쓸 수 있다.

반면 2022 개정에서는 지금까지 '듣기, 말하기, 읽기, 쓰기'로 구분했던 4개 영역을 '이해reception'와 '표현production' 2개 영역으로 개편하면서, 기존 5~6학년군 쓰기 성취기준을 3~4학년군 성취기준으로 통합시켰습니다. 또한 기존 2015 교육과정에서는 파닉스 성취기준이 낱

1 주형미. (2023). 2022 개정 영어과 교육과정 개정 방향. Webinar 자료. 한국교육과정평가원.

2 교육부. (2015). *영어과 교육과정*. 서울: 교육부.

말을 읽는데 그쳤다면 2022 개정에서는 3~4학년군에서 읽기가 문장 단계까지 확장되었습니다.

결국 3~4학년군에서 학습자는 철자-소리 대응관계를 바탕으로 단어는 물론 어구와 문장을 읽을 수 있을 뿐만 아니라, 간단한 단어는 발음만 듣고 쓸 수도 있어야 합니다. 읽기, 쓰기 통합 교육을 지향하는 2022 개정의 초등영어 3~4학년군 성취기준을 정리하면 다음과 같습니다.

2022 개정

【3~4학년군 이해 영역 성취기준】
소리와 철자의 관계를 이해하며 쉽고 간단한 단어, 어구, 문장을 소리 내어 읽는다.

【3~4학년군 표현 영역 성취기준】
소리와 철자의 관계를 바탕으로 쉽고 간단한 단어를 쓴다.

초등영어 교육과정 개정의 핵심에서도 보이듯이 파닉스는 음성언어에서 문자언어로 넘어가는 첫 단계, 영어 문자해독에 있어서 상당히 중요한 역할을 차지합니다. 그럼에도 불구하고 EFL 학습자[3]인 우리나라 아동 학습자들을 위한 체계적이고 효율적인 교수학습법의 개발과 진단, 그리고 실질적인 해법에 대한 논의는 부족한 실정입니다. 이에 대해서 하나씩 짚어 보겠습니다.

---

3 EFL은 English as a Foreign Language의 준말로, 한국어/한글을 모국어로 습득하고, 영어를 외국어로 접하는 한국 학습자는 EFL 학습자이다.

파닉스의 혜택

미국, 영국과 같은 영어 모국어권 아동들도 초기 문해력을 습득하는데 어려움을 겪고 있으며, 파닉스는 공인된 교수법으로 읽기 교육에서 널리 활용되고 있습니다. 2022년 미국 국립 문해력 성취도 검사$^{National\ Reading\ Achievement}$에 의하면 미국 초등학교 4학년 학생의 39%가 읽기 성취기준 미달이라고 합니다[4]. 즉, 4학년 학생 중에서 3명 중 1명 꼴로 자신들의 모국어인 영어 읽기 부진을 겪고 있다는 뜻입니다. 이는 영어가 그만큼 문자해독이 어려운 언어라는 것을 의미하며, 음성언어가 차고 넘친다고 해서 저절로 문자해독 능력이 개발되는 것이 아니라는 점을 시사합니다. 영국 공교육에서는 「Letters and Sounds」라는 파닉스 교육과정 안내서를 바탕으로 모든 초등학교에서 포괄적이고 체계적이며 명시적인 파닉스 수업을 시행하고 있습니다[5].

영어를 외국어로 접하는 우리나라에서 파닉스 교육을 통해 영문자 해독 능력을 습득한 학습자는 영어로 된 글을 스스로 읽을 수 있습니다. 듣고 말하기만 하는 음성언어에서 읽고 쓸 수 있는 문자언어로의 전이에 첫발을 내딛게 되는 것입니다. 학습자에게 자주 노출되어 익숙한 단어는 음철법에 대한 이해가 낮은 학습자라 하더라도 외워서 읽을 수 있지만, 처음 보는 낯선 단어는 학습자가 기본적인 파닉스 지식과 활용 능력을 보유하고 있어야만 해독을 시도할 수 있습니다.

초등학교 5학년만 되어도 영어 교과서에 Vietnam, Australia, Vincent, beautiful, restaurant, children과 같이 복잡하게 생긴 단어들이 폭포수처럼 쏟아집니다. 낯선 단어를 마주할 때 마다 '저건 어떻게 읽는 거야?'라며 답답함을 경험하는 아동 학습자에게 앞으로의 영어 학습은 어떻게 느껴질까요? 어쩌면 그 학생은 영어에 대한 흥미와 자신감을 잃고 '영어는 재미없어', '나는 영어를 못해'와 같은 부정적인 자아인식을 형성할지도 모릅니다.

---

4 NAEP Report Card: 2022 NAEP Reading Assessment (https://www.nationsreportcard.gov/highlights/reading/2022/)

5 Department of Education. (2017). *Letters and Sounds*. UK.
(https://www.gov.uk/government/publications/letters-and-sounds)

반면 낯선 단어를 마주쳐도 '저 단어 한번 읽어 볼래!' 또는 '내가 읽어 볼 수 있을 것 같아!'라는 자아효능감^{self-efficacy}을 장착한 학습자는 어떨까요? 영어에 흥미와 자신감이 생기며 성공적으로 문자를 해독한 스스로에 대해서 '나는 영어를 잘할 수 있어'라는 긍정적인 자아상^{positive self-image}을 갖게 될 것입니다.

제때에 파닉스를 터득하지 못한 학습자에게는 심각한 기초학력부진 문제 외에도 앞서 언급한 것처럼 정의적^{情意的} 차원⁶의 그늘이 드리우기 쉽습니다. 이처럼 기초 문해력 발달은 영어 교육에서 매우 중요한 분야이며, 이것이 교수법 이론과 실제의 전문성을 갖춘 교사가 신경 써서 파닉스를 지도해야 하는 이유입니다.

---

6 Affective dimension. 인간의 흥미, 태도, 감정, 가치관, 신념, 인식 등에 관련된 교육 영역을 의미한다.

한글과 영문자

파닉스의 중요성은 영어에만 국한되지 않습니다. 한국어, 영어, 독일어, 그리스어처럼 자음과 모음의 조합과 분절로 단어형성이 이루어지는 모든 알파벳 언어^{alphabetic language}의 문자해독 토대가 음철법입니다. 우리가 알고 있는 한글 교육이 바로 한글 파닉스인 것이죠.

따라서 한글을 읽고 쓸 수 있는 우리나라 학습자는 영어 파닉스를 조금 더 수월하게 터득합니다. 한글과 영문자 체계에서 자음, 모음 소리를 조합하는 블렌딩^{blending} 원리가 같기 때문입니다. 이는 모국어의 긍정적인 전이^{positive transfer}의 예입니다.

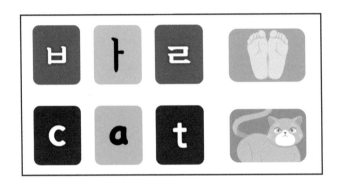

한국 학습자 지도 시 유의점

영문자가 한글과 같은 알파벳 언어라는 공통점이 있지만 두 언어는 확연한 차이점을 지니고 있습니다. 따라서 교사는 교수과정에서 일어나는 모국어의 부정적인 전이^{negative transfer}를 명확하게 인식하고, 한국어와 다른 영어만의 특성을 간과해서는 안 됩니다.

그렇다면 우리나라 학습자를 대상으로 영어 파닉스 수업을 진행할 때 흔히 접할 수 있는 문제 상황과 교사가 지도할 때 꼭 알아 두어야 할 내용을 함께 살펴볼까요?

 "왜 A를 보고 언제는 〈에이〉라 하고 또 언제는 /애~/라는 거예요?"

이 경우 학습자는 영어 알파벳 이름과 소리가 다르다는 메타언어적 개념이 없거나 약하기 때문에 교사는 이름-소리 구분을 명시적으로 지도합니다.

➜ [Chapter 6. 알파벳 이름-소리 구분]

"선생님, 칼은 철자가 knife니까 첫소리가 /k/인 건가요?"

학습자가 영어 단어의 첫소리를 철자로 접근하려고 할 때 교사는 철자가 아닌 소리로 주의를 기울일 수 있도록 지도합니다.

→ [Chapter 7. 첫소리 인식]

 "아, 지겨워. 26개를 어떻게 다 외워요. 재미없어요."

철자-소리 대응관계 학습이 지루하고 단조로울 수 있기 때문에 교사는 학습자에게 익숙한 음성어휘를 활용하여 재미있게, 오래 기억할 수 있도록 지도합니다.

→ [Chapter 8. 철자-소리 대응관계]

 "a는 /애/고 e는 /에/? 영어랑 우리말이랑 발음이 똑같은 건가요?"

영어와 한국어는 다른 언어입니다. 현대 영어 교육에서 영어의 위상은 특정 국가의 모국어가 아니라 국제어, 세계어, 공용어로 정립되었고 이에 따라 발음 교육도 원어민 발음이 아닌 이해도^{intelligibility}에 기반한 접근법을 권장하고 있습니다. /b/, /d/, /g/, /k/, /s/ 등 한국어 발음과 비슷한 영어 음소는 모국어의 긍정적인 전이를 활용하여 지도할 수 있습니다. 그러나 /f/, /dʒ/, /l/, /r/, /v/, /z/ 등의 자음과 /æ/, /ɔː/ 등이 모음은 영어적으로 **이해가능한 발음**^{intelligible pronunciation}으로 지도합니다.

→ [Chapter 9. 발음 지도]

(hen 글자를 보고)
"<h> 소리가 뭐 더라? <e>는 /ɪ/인가, /e/였나? 다 까먹었어요."

학습자가 철자-소리 대응관계를 지속적으로 복습하지 않으면 시간이 지나면서 학습 내용을 잊어버립니다. 교사는 누적 복습을 통해 학습자가 26개 알파벳 소리를 모두 기억하도록 지도합니다.

→ [Chapter 10. 누적 복습]

 (tag 글자를 보고)
"소리는 다 알겠는데 못 읽겠어요. /ㅌ-애-ㄱ/ 저렇게 한글로 쓰면서 읽어도 되나요?"

학습자가 한글의 소리조합 원리를 터득했다고 해서 영어 체계에 바로 응용할 수 있는 것은 아니기 때문에 교사는 영어 소리조합, 즉 블렌딩 원리를 시연하고 명시적으로 지도합니다. 한국어는 모든 음절에 강세가 균등한 음절어인 반면 영어는 특정 음절에 강세를 두고 리듬감 있게 발음하는 **강세어**stress-timed language입니다. 블렌딩 과정에서 영어 알파벳 음소에 한국어 소리를 그대로 대응하면 **영어 특유의 강세, 억양, 리듬을 아우르는 초분절음**suprasegmental pronunciation이 무너지게 되므로 이러한 두 언어의 차이점을 반영한 지도가 필요합니다.

→ [Chapter 11. 소리조합, 블렌딩]

[Part 1. 알파벳 수업 멘토링]을 통해서 우리의 어린 학습자들이 탄탄한 알파벳 지식을 갖출 수 있도록 영어 수업을 재구성해 보았습니다. 이제 [Part 2. 파닉스 수업 멘토링]에서 통해서 본격적인 영어 문자해독, 파닉스 수업의 여정을 시작해 보겠습니다.

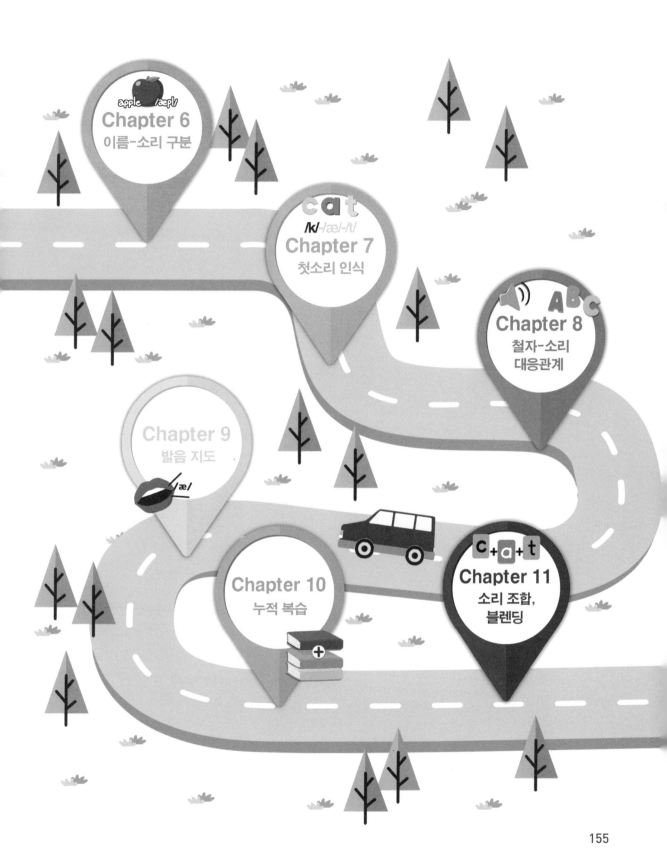

Chapter 6
이름-소리 구분

Chapter 7
첫소리 인식

Chapter 8
철자-소리
대응관계

Chapter 9
발음 지도

Chapter 10
누적 복습

Chapter 11
소리 조합,
블렌딩

Chapter 06 알파벳 이름-소리 구분

💬 알아볼까요

이름-소리 구분, 파닉스 지도에 필수적인 메타언어 개념

우리나라 아동 학습자들은 영어 알파벳의 이름과 소리를 구분하는 것을 어려워한다고 합니다. 이는 한글 문자해독 습득 과정에서 한글 자모의 이름과 소리를 구분하는 경험을 대체로 가지지 않기 때문입니다[1].

따라서 교사는 영어 알파벳의 음소phoneme를 소개하기 전에 영어 알파벳의 이름과 소리가 다르다는 메타언어적 개념을 아동 학습자들이 잘 이해할 수 있도록 지도해야 합니다.

● 음소란?

음소 Phoneme	단어의 의미를 구별 짓는 소리의 최소 단위 The smallest unit of sound

음소란 한 언어의 음성체계에서 단어의 의미를 구별 짓는 소리의 최소 단위를 뜻합니다. 세계 어느 나라에서든 영어를 표기하는데 공통으로 사용되는 알파벳 문자와 달리 음소는 지역 또는 국가별로 다른 모음의 영어 발음에 따라 약간의 차이가 존재합니다. 이 중 미국식, 영국식 영어의 음소는 다음과 같은 발음 기호로 표기합니다.

---

1 Kang, Yusun. (2009). The role of phonological awareness in Korean elementary EFL learners' word reading. *English Teaching, 64*(2), 29-45.

미국식 영어 발음 기호

monophthongs	i	ɪ	ʊ	u
	eat, sheep	win, fish	put, book	food, blue
	e/ɛ	ə	ɝ	ɔ
	egg, red	again, alive	her, bird	ball, dog
	æ	ʌ	ɑ	
	map, apple	up, sun	stop, father	

diphthongs	eɪ	
	cake, wait	
	ɔɪ	oʊ
	toy, boy	go, know
	aɪ	aʊ
	kind, eye	cow, house

consonants	p	b	t	d	tʃ	dʒ	k	g
	pig, hop	box, tub	time, cut	dog, kid	chair, rich	job, age	cat, sick	go, hug
	f	v	θ	ð	s	z	ʃ	ʒ
	fun, enough	vase, serve	think, math	this, bathe	sun, kiss	zoo, buzz	shoe, dish	treasure
	m	n	ŋ	h	l	r/ɹ	w	j
	man, ham	nose, sun	wing, sing	hand, happy	lion, will	run, giraffe	west, way	year, young

미국식 영어 발음 기호 예시

monophthongs	iː	ɪ	ʊ	uː
	eat, sheep	win, fish	put, book	food, blue
	e	ə	ɜː	ɔː
	egg, red	again, alive	her, bird	fork, walk
	æ	ʌ	ɑː	ɒ
	map, apple	up, sun	car, bath	not, what

diphthongs	ɪə	eɪ
	ear, here	say, wait
	ʊə	ɔɪ	əʊ
	pure, tour	toy, oil	coat, show
	eə	aɪ	aʊ
	hair, there	my, fine	cow, house

영국식 영어 발음 기호 예시 (자음표기는 미국식과 동일하여 생략)

● 영어 알파벳 이름과 음소 표기의 예

본 책에서 알파벳 이름은 중괄호 안에 알파벳 문자로, 음소는 슬래시 안에 발음 기호로 다음과 같이 표기하기로 합니다.

⟨apple⟩
알파벳: 5개

/æpl/
음소: 3개

? 알려주세요

Q 왜 알파벳 이름과 소리를 헷갈려 할까요?

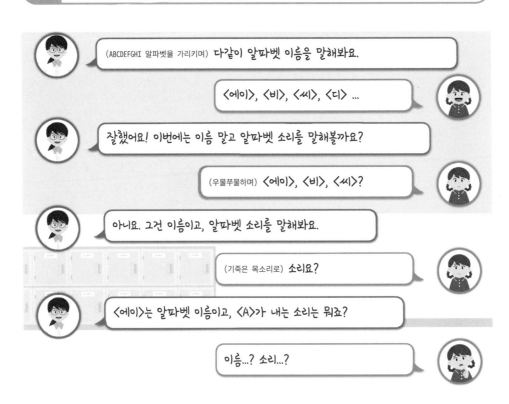

(ABCDEFGHI 알파벳을 가리키며) 다같이 알파벳 이름을 말해봐요.

〈에이〉, 〈비〉, 〈씨〉, 〈디〉 ...

잘했어요! 이번에는 이름 말고 알파벳 소리를 말해볼까요?

(우물쭈물하며) 〈에이〉, 〈비〉, 〈씨〉?

아니요. 그건 이름이고, 알파벳 소리를 말해봐요.

(기죽은 목소리로) 소리요?

〈에이〉는 알파벳 이름이고, 〈A〉가 내는 소리는 뭐죠?

이름...? 소리...?

학생들이 알파벳 이름과 소리가 다르다는 점을 알 거라 예상했어요. 근데 막상 물어보니 잘 모르더라고요.

왜 선생님은 똑같은 글자인 A를 보고 언제는 〈에이〉라고 하고 또 언제는 /애~/라고 하는 걸까요?

A 알파벳의 이름과 소리를 구분하는 인지능력은 저절로 생기지 않기 때문입니다.

한글은 이름-소리 사이의 상호 유사성이 높은 문자입니다. 그 덕분에 우리나라 아동이 한글을 깨칠 때 이름-소리 차이를 확실하게 구분 짓지 않는다고 합니다. 예를 들어 자음 'ㄱ'의 이름은 〈기역〉, 그 소리는 /ㄱ/라는 명시적인 구분을 하지 않아도 한글 문자해독 습득 과정에서 큰 어려움이 없는 것이지요.

반면 영어는 알파벳 이름-소리간 차이가 분명히 있습니다. 따라서 교사는 영어 파닉스 규칙을 소개하기 전에 이름-소리 구분에 대한 메타언어적 개념을 명시적으로 지도할 필요가 있습니다. 다음 코너에서 그 자세한 지도 방법을 확인해보세요.

음매 음매 송아지
Cows Making a Moo Sound

OBJECTIVES 동물의 이름과 내는 소리가 다르다는 비유를 통해서 학습자는 영어 알파벳의 이름과 소리를 구분하는 메타언어적 능력을 개발한다.

MATERIALS 동물 그림 PPT 슬라이드(이름과 소리가 뚜렷하게 다른 동물들)

IN-CLASS PROCEDURE

STEP 1 동물 이름 확인
교사는 PPT로 학생들에게 동물 이미지를 보여주고 이름을 묻는다.

STEP 2 동물 소리 확인
교사는 각 동물이 내는 소리가 무엇인지 묻는다.

STEP 3 이름-소리 구분
교사는 각 동물의 이름과 소리가 같은지 묻는다. 학생들은 이름과 소리가 다르다는 점을 인식한다.

STEP 4 개념 확장 1
학생들에게 이름-소리가 다른 동물을 더 말해보라고 한다.

STEP 5 알파벳에 개념 적용
교사는 알파벳도 마찬가지로 이름-소리가 다르다고 설명한다. 알파벳 <a> 이름과 소리 /æ/를 예로 든다.

STEP 6 개념 확장 2
학생들에게 알파벳의 다른 예를 더 말해보라고 한다.

SAMPLE LESSON

T **STEP 1** 동물 이름 확인

이 동물은 이름이 뭐죠?

Ss 송아지요!

T **STEP 2** 동물 소리 확인

송아지는 어떤 소리를 내요?

Ss '음매 음매' 울어요.

T **STEP 3** 이름-소리 구분

동물들의 이름과 내는 소리가 같아요, 달라요?

Ss 달라요.

T 맞아요. 송아지라고 해서 '송아지 송아지'라고 소리를 내지는 않죠?

STEP 5 알파벳에 개념 적용

영어 알파벳도 이름이랑 소리가 달라요. 이제 여러분이 대답해요. 알파벳 이름과 소리는 같아요, 달라요?

Ss 달라요!

T (a를 쓰고) 이 알파벳은 이름이 뭐죠?

Ss (이름을 말하여) <a>.

T <a>의 소리는 뭐예요?

Ss (소리를 말하며) /æ/.

T 잘했어요. 다같이 말해봐요: 이름은 <a>, 소리는 /æ/.

음매~ 음매~

알파벳 이름과 소리는 같다? 다르다?

박희양 멘토의 Tip

 활동을 진행하기 전에 학생들이 알파벳 이름을 확실히 알고 있는지 확인해 봅니다. 알파벳 26개의 이름을 다 같이 말해보았을 때 학생들이 정확하게 말하지 못한다면 알파벳 이름을 잘 알려주는 YouTube 동영상을 통해서 신속하게 복습을 진행합니다.

 전체 알파벳이 많고 부담스러운 경우, 6~8개씩 나눠서 활동을 진행합니다.

 미리 만든 PPT 슬라이드 대신 학생들이 직접 화이트보드나 각자 종이에 동물을 그려 활동에 사용할 수도 있습니다. 단, 이름-소리가 뚜렷하게 다른 동물들로 그려보도록 지도하고, 특징적인 울음 소리가 없는 동물도 이 활동에 적합하지 않음을 안내해야 합니다.

예 토끼, 다람쥐, 개구리, 물고기는 활동에 사용하기 부적합

 동물 대신 악기로도 활동을 진행할 수 있습니다.

예 북-둥둥, 트럼펫-빠밤, 실로폰-딩동댕

명시적 지도의 중요성
The Importance of Explicit Instruction

　　명시적 지도란 교사가 학습자를 위해 학습 목표와 수업의 내용을 명확하고 체계적으로 설명하는 지도 방법을 뜻합니다. 아동 학습자에게 이름-소리 구분이라는 메타언어적 개념은 별도의 설명을 해 주지 않으면 이해하기 어렵습니다. 성인 학습자라면 '알파벳 이름과 소리는 다릅니다'라는 한마디로 충분히 이 개념을 이해할 수 있고, 별도의 설명이 없다 하더라도 스스로 직관적으로 알파벳의 이름과 소리를 구별하며 정보를 처리할 수 있습니다. 그러나 아동 학습자에게는 그들의 눈높이에 맞는 적절한 비유를 제시하면서 쉽게 개념을 정리를 해 줄 필요가 있습니다.

　　[학습놀이 6-1]에서 제시한 바와 같이, 동물 또는 악기에 대한 비유를 통해서 아동 학습자는 '아, 알파벳도 이름과 각 알파벳이 내는 소리가 다르구나'라는 점을 이해하게 됩니다. 이는 간단한 활동이지만 강력한 교수법적 효과를 낼 수 있습니다. 이러한 메타언어적 토대가 탄탄히 갖춰지고 나서야 비로소 학습자는 교사의 지시문을 바르게 이해할 수 있게 됩니다. 교사가 '알파벳 이름을 말해 봐요.' 또는 '이번에는 소리를 말해 봐요.'라며 파닉스 수업을 이끌어 갈 때, 바로 과제를 이해하고 망설임 없이 수행하는 학습자의 모습을 떠올려 보세요. 생각만 해도 뿌듯한 이 광경을 여러분의 교실에서도 마주할 수 있기를 바랍니다.

Chapter 07 첫소리 인식

알아볼까요

첫소리 인식, 파닉스 지도의 첫 단추

대부분의 영어 단어는 한 덩어리의 소리가 아니라 몇 개의 음소로 나뉘어 있습니다. 하지만 현재 한국의 영어과 교육과정은 음소를 교육내용에 반영하지 않기 때문에 우리나라 아동 학습자는 여전히 음소에 대해서 익숙하지 않습니다[1]. 따라서 학습자가 각 영어 단어를 구성하는 다양한 음소를 인지하기 위해서는 교사의 명시적인 지도가 필요합니다.

음소 인식이란?

> **음소 인식**
> **Phonemic Awareness**
>
> 영어 말소리를 구성하는 각 음소를
> 인식, 분석하고 조작할 수 있는 능력
> The ability to identify, analyze and manipulate
> individual sounds in spoken words

우리는 [Chapter 6. 알파벳 이름-소리 구분]에서 음소가 단어의 의미를 구별 짓는 소리의 최소 단위임을 확인하였습니다. 알파벳 언어인 영어의 단어를 듣거나 읽고 그 의미를 이해하기 위해서는 음소를 식별하여 단어 내의 개별 소리를 조작하고 판별하는 능력이 매우 중요합니다.[2] 예를 들어 누군가 고양이를 보고 "Cat!"이라고 외쳤을 때, 영어 음소 인식 능력을 갖춘 청자는 그 말소리가 세 가지 음소인 /k/-/æ/-/t/로 이루어져 있다는 것을 알 수 있고,

---

1 김소영. (2017). 한국 초등학생들을 위한 영어 초기 문해력 측정 도구 모형 개발 연구. *글로벌영어교육*, *22*(1), 59-90.

2 Chall, J. (1996). *Stages of Reading Development*. New York: McGraw-Hill.

이 단어가 곧 '고양이'를 의미한다는 것을 이해할 수 있습니다.

그러면 어떻게 해야 학생들에게 음소 인식 능력을 길러줄 수 있을까요? 그 첫 관문은 바로 첫소리 인식initial sound recognition에 있습니다.

영어 첫소리 구분 테스트 예시 (김소영, 2017)

첫소리 인식은 말 그대로 영어 낱말의 첫소리가 무엇인지 식별하는 능력입니다. 위 테스트 예시에서 확인할 수 있듯이 학습자는 그림에 해당하는 영어 단어를 말소리로 떠올린 다음, 각 단어의 첫소리가 무엇인지 구분할 수 있어야 합니다. 예를 들어 dad, duck, hot 단어로 구성된 1번 문제의 경우, ①번과 ②번은 첫소리가 /d/이지만 ③번은 /h/이기 때문에 첫소리가 다른 단어는 ③번입니다. 첫소리 인식 활동에서 교사는 철자를 제시하지 않음으로써 학습자가 단어의 소리에 집중하도록 합니다.

🔍 알려주세요

Q 소리에 집중해야 하는데 왜 철자를 말할까요?

(king, cat, knife, car 그림을 보여주며) 다 같이 영어로 말해봐요.

King, cat, knife, car.

이 중에 첫소리가 다른 단어가 하나 있어요. 한번 찾아볼까요?

선생님, king은 <k>로 시작하고 cat은 <c>로 시작하니까 다른 거죠?

소리에 집중해 봐요. 철자 말고 소리!
King, cat 둘 다 어떤 소리로 시작하죠?

/k/ 소리요. 그럼 철자가 달라도 소리가 같을 수 있어요?

그럼요. 알파벳 <c>도 가끔 /s/ 소리가 나거든요.
Center, city 처럼요.

선생님, knife도 <k>로 시작하니까 이것도 /k/ 소리가 나는 거죠?

166

A 아직 음소를 식별하고 구분하는 학습적 경험이 부족하기 때문입니다.

앞서 언급했듯이 우리나라 학습자는 한글/영어 교육에서 음소 인식 활동에 대한 명시적인 경험이 많지 않습니다. 또한 파닉스 수업 이전의 영어 어휘학습 경험을 통하여 단어의 철자를 암기하는 경우가 빈번합니다. 이런 이유로 우리나라 아동 학습자는 영어 첫소리 인식 활동에서 소리보다 철자로 접근하는 경향이 있습니다. 첫소리 인식 활동은 학습자가 철자가 아닌 소리에 집중하도록 도와줍니다.

TEACHING STRATEGIES

영어 말소리 인식과 구분이 탄탄하지 않으면 이후 소리조합을 통한 본격적인 단어해독이 어려워집니다. 철자로 접근하려는 학습자에게 소리에 대한 인식을 높이기 위해서 다음과 같은 수업 전략을 추천합니다.

전략 1 **첫 글자와 소리가 다른 낱말 활용하기**

철자 위주로 영어 어휘를 습득한 학습자는 소리보다 철자에 의존한다는 점을 역으로 이용하여 knife, knock, write와 같이 첫 글자와 소리가 다른 낱말을 활용해서 두 가지를 구분할 수 있도록 지도합니다.

전략 2 **같은 소리-다른 철자 단어쌍 활용하기**

computer-kangaroo, center-sun, giraffe-jet처럼 첫소리는 같지만 그 소리의 철자는 다른 단어쌍을 활용하여 지도합니다. 이러한 명시적인 첫소리 인식 활동을 통해서 학습자는 '정말 알파벳 이름과 소리는 다르구나'라는 메타언어적 개념을 한 번 더 공고히 다지게 됩니다(156쪽, [Chapter 6. 알파벳 이름-소리 구분] 참고). 이는 향후 [Chapter 11. 소리조합, 블렌딩]에서 아주 중요한 인지적인 토대가 될 것입니다.

철자는 낯설지만 의미는 친숙한 어휘 활용하기

학습자가 지속적으로 첫소리를 철자로 접근한다면 아예 철자를 모르는 어휘를 사용합니다. 단, 의미는 친숙해야 합니다. /k/ 소리가 나지만 <c>로 시작하는 어휘를 예로 들자면, 대부분의 학습자가 의미를 알지만 아직 철자는 잘 모르는 curtain, cream, cushion, corn, clay, clip, coffee, computer, cookie 등을 활용할 수 있습니다.

다만, 다음과 같은 첫소리 쌍은 우리나라 아동 학습자가 식별하고 구분하는데 어려움을 겪기 때문에 첫소리 인식 활동에서 제외합니다.

한국 아동 학습자가 혼동하기 쉬운 첫소리 쌍

다른 것을 찾아요
Odd One Out

OBJECTIVES	학습자는 4개의 어휘 중에서 나머지 셋과 첫소리가 다른 어휘 하나를 고를 수 있다
MATERIALS	교사용 대형 어휘그림 카드 (다른 첫소리를 포함한 4개 단어 한 세트)

IN-CLASS PROCEDURE

STEP 1 음성어휘 제시
교사가 어휘그림 카드 하나씩 보여주면 학생들이 영어로 말한다. 교사는 보여준 어휘그림 카드 화이트보드에 띄엄띄엄 붙인다.

STEP 2 첫소리 집중
교사는 학생들에게 각 단어의 첫소리에 집중하라고 말한다.

STEP 3 첫소리 구분
'하나, 둘, 셋' 하면 학생들은 첫소리가 다른 어휘를 손가락으로 가리키며 큰소리로 해당 어휘를 말한다.

STEP 4 학생/교사 설명
교사는 학생들에게 왜 그 어휘를 선택했는지 이유를 물어본다. 단, 학생들이 정확하게 설명하기 어려워하면 교사가 설명한다.

STEP 5 반복
다른 단어세트로 STEP 1~4를 반복한다. 두 번째 세트부터는 학생들이 스스로 이유를 설명하도록 격려하고, 교사는 그 내용을 확인한다.

SAMPLE LESSON

T STEP 1 음성어휘 제시

Let's say these words.

Ss Cat, cup, sun, car.

T STEP 2&3 첫소리 집중 및 구분

Focus on their first sound. One of them has a different beginning sound. On the count of three, point to the word and say it out loud.

Ss (손가락으로 ● 그림카드를 가리키며) Sun!

T STEP 4 학생 설명

Great. How is *sun* different from the other three words?

Ss 다른 건 /k/ 소리인데 sun은 /s/ 소리예요.

T STEP 5 반복

That's correct. Let's do it again with another set of cards.

170

응용 파리채/뿅망치 사용하기

학급을 두 팀으로 나누고 파리채, 뿅망치 등의 교구를 활용하여 첫소리가 다른 어휘를 직접 쳐보는 신체 활동 요소를 추가할 수 있다.

T STEP 3 첫소리 구분

Run to the board and hit the word that has a different beginning sound. Ready, set, go!

......

Ss (뿅망치로 monkey 그림을 친다.)

......

......

T STEP 4 학생 설명

Why did you hit *monkey?*

......

Ss 나머지는 /k/로 시작하는데 *monkey*는 첫소리가 /m/이에요.

......

T Excellent. I have a question. The spellings of *kiwi* and *kangaroo* start with letter <k>, but *camera* spells out with letter <c>. Aren't they different?

......

Ss 철자는 달라도 소리는 /k/로 같아요. Different letters. Same sound!

박희양 멘토의 Tip

 학생들이 첫소리 인식 활동에 집중할 수 있도록 어휘는 학생들이 평소 충분히 접했던 익숙한 음성어휘 위주로 선정합니다.

 본 책에서 제공하는 단어세트 외에 단어를 추가하여 진행 할 때 구분이 어려운 음소쌍은 제외해야 합니다.

→ 168쪽, Ch 7의 TEACHING STRATEGIES 전략3 참고

 다수의 학생들이 첫소리를 철자로 접근할 경우, ① 철자가 다르지만 소리가 같은 어휘들 또는 ② 뜻은 익숙하지만 철자는 모르는 어휘로 조정하여 활동을 재개합니다. 이때 어휘를 철자 없이 그림으로만 제시하는 것이 핵심입니다.

뜻은 익숙하지만 철자는 낯선 음성어휘[3]

/b/	/k/ in C	/d/	/g/	/h/	/k/ in K
Brazil	cookies	dance	green	helicopter	koala
broccoli	curtain	dolphin	golf	hamburger	kiwi
boots	computer	down	guitar	heart	Korea

/l/	/m/	/n/	/p/	/s/	/t/
lollipop	mask	ninja	penguin	spaghetti	taxi
lobster	mix	nail	pineapple	sausage	tennis
London	medal	notebook	popcorn	sandwich	Taekwondo

 파리채나 뿅망치를 활용한 응용 활동의 경우, 안전하게 활동이 진행될 수 있도록 주의해야 합니다.

- **활동 전:** 올바른 교구 사용 규칙을 세우고, 학생들이 이동하는 경로에 위험요소는 없는지 점검합니다.
- **활동 중:** 각 팀의 학생이 보드에서 조금 떨어진 출발선에 서 있을 때 교구를 나눠줍니다. 지나친 경쟁심으로 인해 학습놀이 분위기가 과열되지 않도록 살피면서, 학생들에게 이 활동의 목표가 빨리 가서 치는 것이 아니라 영어 단어의 첫소리를 인식하는 것임을 상기시킵니다.
- **활동 후:** 활동이 끝나면 교구를 곧바로 회수합니다.

---

3 한국 학습자에게 어려운 영어 소리인 모음과 일부 자음은 제외하였다.

학습놀이 7-2

줄을 서시오
Line Up

OBJECTIVES 학습자는 자기가 가진 단어와 같은 첫소리를 가진 다른 단어를 찾을 수 있다.

MATERIALS 교사용 대형 어휘그림 카드(bus, hat, monkey, sun, tiger)
학생용 소형 어휘그림 카드

IN-CLASS PROCEDURE

STEP 1 음성어휘 제시

교사가 대형 어휘그림 카드를 하나씩 보여주면 학생들이 영어로 말한다.

STEP 2 첫소리 인식

교사가 대형 어휘그림 카드를 화이트보드에 띄엄띄엄 붙인다. 학생들에게 각 단어의 첫소리가 무엇인지 묻는다.

STEP 3 첫소리 강조

학생들이 첫소리를 살려서 각 단어를 한 번씩 더 말한다. 예를 들어 bus, hat, monkey 등으로 단어만 말하지 않고, /b/-/b/-bus, /h/-/h/-hat, /m/-/m/-monkey와 같이 '첫소리-첫소리-단어'로 말한다.

STEP 4 카드 배포

교사가 학생들에게 소형 어휘그림 카드를 1인당 1장씩 나눠준다. 학생들이 자기 단어를 큰 소리로 말한다.

STEP 5 줄 서기

학생들이 화이트보드에 붙어 있는 단어를 보고 자기 단어와 첫소리가 같은 단어 앞에 줄을 선다.

STEP 6 결과 확인

교사가 각 첫소리별로 학생들의 답을 구두로 확인한다.
이외에도 심화과정으로 첫소리가 같은 카드를 연속적으로 붙이는 [첫소리 기차] 학습놀이도 가능하다.

SAMPLE LESSON

● 기본: 화이트보드 앞에 줄 서기

T STEP 4 카드 배포

Do you have one word each? Say your word.

Ss (각자 자기 단어를 말한다.)

T What's the beginning sound of your word?

Ss (각자 단어 첫소리를 말한다.)

T STEP 5 줄 서기

(화이트보드 가리키며) Can you find the word that has the same beginning sound? Come out and line up in front of the word.

Ss (나와서 줄을 선다.)

T Let's begin with the /b/ words. You should say, like /b/-/b/-bus. /b/ students, are you ready?

174

응용 첫소리 기차

STEP 1~4 기본형 활동과 동일하게 진행

STEP 5 학생들이 자신의 소형 그림 카드와 첫소리가 같은 대형 그림 카드를 찾아 그 옆에 본인의 카드를 접착테이프를 사용하여 붙인다. 이미 대형 카드 바로 옆에 소형 카드가 부착되어 있다면 그 옆으로 본인의 카드를 이어서 붙여 첫소리 기차를 만든다.

STEP 6 학생들이 빈 종이에 각 첫소리로 시작하는 다른 단어를 그려서 벽에 붙인다. 첫소리 기차가 길어진다.

T Let's make a train. Put your card next to the word with the same beginning sound. I have sticky tapes for you.

Ss (자기 소형카드를 붙여서 기차를 만든다.)

/m/-/m/-mom, /m/-/m/-mountain

T (빈 종이를 나눠주며) Now think about other words that have the same beginning sound. Taking /m/ for example, you can think of /m/-/m/-monster. Then draw.

Ss (빈 종이에 그림을 그린다.)

T When you're ready, come out and make these trains even longer.

Ss (벽에 붙여서 더 긴 기차를 만든다.)

T Let's check the answers. We're going to say like /m/-/m/-milk.

박희양 멘토의 Tip

 학생들이 평소 충분히 접했던 음성어휘 위주로 활동합니다. 본 책에서 제공하는 소형 어휘그림 카드 중에 낯선 어휘가 있다면 미리 숙지시키거나 더 익숙한 어휘로 대체합니다.

 파닉스 수업에서는 본 활동에서 제시한 것처럼 학생들이 첫소리를 붙여서 '첫소리-첫소리-단어'로 말하는 연습이 첫소리 인식에 도움이 됩니다. 이 부분이 파닉스 수업이 어휘 수업과 다른 부분이기도 합니다.

예 /b/-/b/-bus, /t/-/t/-tiger

아기 상어
Baby Shark

OBJECTIVES	학습자는 〈Baby Shark〉 영상을 통해 baby, mommy, daddy, grandma, grandpa 단어의 첫소리를 익힌 후, 각 단어와 첫소리가 같은 다른 단어를 주어진 보기에서 찾아 연결할 수 있다.
MATERIALS	〈Baby Shark〉 뮤직비디오 (YouTube 검색: baby shark dance DJ Raphi), 상어가족 PPT 슬라이드, 학생용 개별 활동지

IN-CLASS PROCEDURE

STEP 1 영상 시청
다같이 〈Baby Shark〉 영상을 시청한다. 노래를 부르고, 율동을 따라하며 신나게 신체활동을 한다.

STEP 2 상어가족 소개
교사가 PPT 슬라이드로 상어가족 그림을 보여주면 학생들이 어느 캐릭터인지 영어로 말한다.
예 baby shark, mommy shark

STEP 3 첫소리 강조
학생들이 첫소리를 살려서 단어를 한 번 더 말한다. shark를 제외한 첫 번째 단어로만 연습한다.
예 /b/-/b/-baby, /m/-/m/-mommy

STEP 4 개별 활동지 배포
학생들에게 개별 활동지를 나눠준다. 학생들은 활동지에 있는 그림을 보고 영어 단어를 큰소리로 말한다

STEP 5 개별 활동 시작
학생들이 활동지에 표시된 예시를 확인하고 어떤 과제인지 추측해서 설명해본다. 과제를 이해한 학생들은 12개 어휘를 첫소리가 같은 상어가족과 줄로 잇는다.

STEP 6 결과 확인
답을 확인한다. 교사가 단어 <baby>를 말하면 학생들이 첫소리가 같은 단어를 첫소리를 살려서 말한다.

SAMPLE LESSON

T STEP 1 영상 시청

We're going to watch the ⟨Baby Shark⟩ YouTube video. Please listen carefully to the key vocabulary in English. You can sing and dance along if you want.

Ss Okay!
(신나게 노래를 부르고 율동을 한다.)

T STEP 2 상어가족 소개

Well done! How many members are there in this shark family?

Ss Five.

T Who are they?

Ss Baby shark, mommy shark, daddy shark [...]

T Good. Now I will show you the shark family pictures. Tell me who it is.
(아기 상어 그림을 보여준다.) Who is this?

Ss Baby shark!

T STEP 3 첫소리 강조

Correct. Say /b/-/b/-baby.

Ss /b/-/b/-baby.

T `STEP 2~3` 반복 후 `STEP 4` 개별 활동지 배포

Look at the pictures on the worksheet. Say the words.

Ss (12개 단어를 말한다.)

T `STEP 5` 개별 활동 시작

(예를 가리키며) Look at the example. Why is a line drawn between *baby* and *bear*?

🥀 〈Baby Shark〉 활동지 🥀

반: _____

이름: _____

✅ 각 단어를 소리 내어 읽어요. 첫소리가 같은 상어가족에 줄을 그어요.

Ss 둘 다 첫소리가 /b/예요.

T Great! Think about the beginning sound of each word. Then draw a line to each of the shark family.

박희양 멘토의 Tip

 파닉스 수업에서는 학생들이 첫소리를 붙여서 단어를 말하도록 합니다.
예 /f/-/f/-fish, /g/-/g/-green

 〈아기 상어〉 영상이 '바다'와 관련되어 있기 때문에 교사는 이와 관련된 음성어휘인 sea, turtle, fish, dolphin, jellyfish, starfish, swim, blue 등의 이미지로 구성된 PPT 슬라이드를 준비하여 응용활동을 진행할 수 있습니다. 학생들은 제시된 그림을 보고 첫소리를 붙여서 큰 소리로 단어를 말합니다.

T We're going to do some more practice. Look at the picture.
(거북이 그림을 보여주며) What's this?

Ss Turtle.

T Then we say /t/-/t/-turtle.

Ss /t/-/t/-turtle.

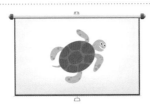

/t/-/t/-turtle

T (수영하는 그림을 보여주며) What about this?

Ss /s/-/s/-swim.

/s/-/s/-swim

메타언어적 개념 이해와 적용
Metalinguistic Skills Development

영어 단어의 첫소리 인식 활동을 통해서 학습자는 [Chapter 6. 알파벳 이름-소리 구분]에서 배운 메타언어적 개념을 더욱 구체적으로 이해하고 실제 영어 단어에 적용할 수 있습니다. 영어는 한국어과 달리 철자-소리 대응관계가 불규칙하기 때문에 철자 암기에만 익숙한 학습자가 있다면 교사는 본 책에서 제시한 다양한 전략을 활용하여 철자가 아닌 소리에 집중하도록 명시적인 지도를 할 필요가 있습니다.

영어 단어의 첫소리를 식별하고 구분하는 기본적인 음소 인식 능력을 토대로 학습자는 이제 알파벳 26개의 철자-소리 대응관계를 본격적으로 배울 준비가 되었습니다. 학습자가 알파벳의 이름과 소리가 다르다는 인식이 확실하고, 영어 단어를 음성으로 들었을 때 첫소리가 판별되기 시작한다면 [Chapter 8. 철자-소리 대응관계]에서 소개할 파닉스 찬트가 무척 재미있고 신나게 다가올 것입니다.

Chapter 08 철자-소리 대응관계

💬 알아볼까요

철자-소리 대응관계, 두세 글자 블렌딩을 위한 준비

[Part 2. 파닉스 수업 멘토링]의 Intro에서 설명한 것처럼 자음과 모음의 조합과 분절로 단어형성이 이루어지는 알파벳 언어에 있어서 음철법, 즉 파닉스는 음성언어와 문자언어를 연결하는 다리입니다. 한글 파닉스를 터득해야 한글책을 스스로 읽는 것처럼, 영어 파닉스를 터득하지 못한 학습자는 영어 읽기 독립이 어렵습니다.

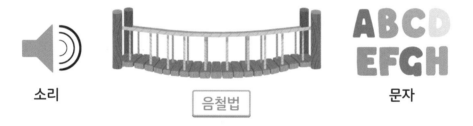

소리   음철법   문자

영어 문자해독 능력을 본격적으로 개발하기 위해서 학습자는 영어 알파벳 26개의 철자-소리 대응관계letter-sound relationships를 습득하고 기억으로 내면화해야 합니다. 흔히 파닉스 규칙으로 알려진 철자-소리 대응관계를 습득한다는 것은 각 알파벳 글자가 어떤 소리를 내는지를 배우고 익힌다는 것을 의미합니다. 예를 들어 학습자가 알파벳 〈Hh〉, 〈Aa〉, 〈Tt〉을 대문자 또는 소문자로 마주했을 때 이들 글자가 각각 /h/, /æ/, /t/ 소리를 내는 것을 알고 있어야 합니다. 학습자가 철자-소리의 관계를 정확하고 유창하게 연관 지을 수 있을 때 비로소 이 세 개의 소리를 조합하여 /hæt/라고 해독할 수 있습니다.

교사는 명시적인 철자-소리 대응관계 지도에 앞서 다음 두 가지 조건을 점검하여 학습자가 학습에 준비가 되었는지 확인합니다.

Check! Check!

✓ 학습자가 영어 알파벳 이름과 소리가 다르다는 메타언어적 개념이 있나요?

 이제는 A의 이름과 소리가 다르다는 걸 확실히 알겠어!

 A가 왜 '애'지?

메타언어적 개념이 부족한 학생이 있다면

→ [Chapter 6. 알파벳 이름-소리 구분] 전략과 학습놀이 적용

✓ 학습자가 영어 단어의 첫소리를 철자가 아닌 소리로 접근하나요?

 *Car, king*은 첫 글자는 다르지만 소리는 둘 다 /k/로 똑같아!

 *Car*는 첫소리가 /s/, *king*은 /k/ 아니야?

아직 알파벳 첫소리를 철자로 접근하는 학생이 있다면

→ [Chapter 7. 첫소리 인식] 전략과 학습놀이 적용

두 가지 조건을 모두 갖췄다면 우리 학생들은 다음 단계의 파닉스를 학습할 준비가 되었습니다. 이제 교사가 철자-소리 대응관계를 지도할 때 주의할 점에 대해 더 자세히 들여다볼까요?

● 필수 파닉스 규칙이 500개?!

철자-소리 대응관계가 일관적이고 규칙적인 한국어/한글과 달리, 변칙이 많고 복잡한 영어에서는 약 500개의 파닉스 규칙을 알아야 수준 높은 텍스트를 무난하게 읽을 수 있다[1]고 합니다. 하지만 이 많은 규칙을 단기간 수업을 통해서 아동 학습자가 모두 습득하는 것은 실질적으로 불가능합니다.

대부분의 파닉스 수업에서는 영어권 어린이 출판물에 가장 자주 등장하는 80개 정도의 고빈도 규칙[2] 위주로 소개합니다. 예를 들면 여러 파닉스 수업 교재에서 공통적으로 볼 수 있는 26개 알파벳 음소와 자음군, 이중자음과 이중모음, 장모음 등입니다. 나머지 400여개의 복잡한 파닉스 규칙들은 영어읽기를 계속 진행하면서 평생토록 습득lifelong process해야 하는 것이지요. 본 책에서는 고빈도 규칙 중에서도 가장 기본이 되는 알파벳 26개의 철자-소리 대응관계를 선별하여 소개합니다.

● 알파벳 대표 음소와 권장 음성어휘

영어 알파벳은 하나의 글자가 두 개 이상의 소리를 가지는 경우가 많습니다. 알파벳 〈c〉만 봐도 /k/와 /s/ 두 가지 소리가 있기 때문에, 초기 영어 읽기 학습자에게 철자-소리 대응관계를 지도할 때 교사는 각 알파벳 글자를 대표하는 소리, 즉 대표 음소를 하나를 먼저 정할 필요가 있습니다. 앞서 언급한 알파벳 〈c〉의 경우 빈도가 더 많은 /k/를 대표 음소로 정하게 됩니다.

알파벳 26 글자 대부분의 대표 음소는 교재와 교사들에 의해서 동의가 형성되어 있는 편입니다. 다만, 모음 〈a〉와 〈o〉의 경우 정리를 할 필요가 있습니다. 본 책은 미국식 발음을 토대로 하기 때문에 알파벳 〈a〉의 대표 음소를 /æ/로 정하고 있습니다. 마찬가지로 알파벳 〈o〉의 경우 단어 mom, Bob, not, sock 등에 포함된 /ɑ:/ 발음을 대표 음소로 정합니다. 단, 알파벳 〈o〉에 있어서 orange, dog, long 단어에 포함된 /ɔ:/ 발음 또한 빈도가 높기 때문에 나중에 소개하면 좋습니다.

---

1 Juel, C. (1994). *Learning to Read and Write in One Elementary School*. New York: Springer-Verlag.

2 고빈도 파닉스 규칙의 범주에 대해서는 학자마다 의견이 다를 수 있다.

이번 챕터에서 소개할 [이.소.어.동] 찬트를 위해서 교사는 각 대표 음소로 시작하는 음성어휘를 하나씩 정해야 합니다. 아래에 제시한 예를 참고하되, 교사가 실제로 사용하는 교재를 바탕으로 학습자에게 더 친숙하고 쉬운 어휘로 바꿔도 좋습니다. 단, 찬트를 부를 때 단어를 동작으로 나타내므로 동작으로 만들기 편한 어휘로 선정합니다.

알파벳 대표 음성어휘 차트[3]

/æ/	/b/	/k/ in C	/d/	/e/	/f/
apple	book	cat	dog	egg	fish
/g/	/h/	/ɪ/	/dʒ/	/k/ in K	/l/
gorilla	hat	igloo	jet	king	lion
/m/	/n/	/ɑ:/	/p/	/kw/ in Qu	/r/
monkey	no	octopus	penguin	queen	rabbit
/s/	/t/	/ʌ/	/v/	/w/	/ks/ in X
sun	tiger	up	violin	watch	six
/j/	/z/				
yo-yo	zipper				

3 Flaticon.com의 무료 라이선스 이모티콘을 사용하여 음성어휘 차트를 제작하였다.

● 발음 지도

영어에는 /f/, /dʒ/, /l/, /r/, /v/, /z/등의 자음과 /æ/, /ɔː/ 등의 모음과 같이 한국어에 없거나 비슷하지만 다른 발음이 있습니다. 파닉스 수업에서 교사가 철자-소리 대응관계를 가르친다는 것은 학습자가 소리를 듣고 인식recognition할 수 있을 뿐만 아니라 정확하게 발화production할 수 있도록 지도하는 것을 의미합니다. 현대 영어 교육에서는 세계어로서의 영어 위상 변화에 맞춰 원어민 발음이 아닌 이해도intelligibility에 기반한 발음 지도를 지향하고 있습니다. 이에 대한 자세한 내용은 [Chapter 9. 발음 지도]에서 확인할 수 있습니다.

● 한국 아동 학습자 수업시 주의점

영어의 철자-소리 대응관계가 불규칙하기 때문에 교사는 우리나라 아동 학습자가 이 까다로운 내용을 저절로 습득하고 내면화, 자동화하기 어려워한다는 점을 염두하고 파닉스 규칙 지도에 앞서 다음과 같은 사항을 고려해야 합니다.

첫째, 학습자의 연령과 인지능력, 영어 수준에 따라 한 번에 소개할 규칙의 개수를 다르게 설정합니다. 예를 들어 초등학교 저학년의 경우 한 차시의 수업에 4개 이내의 규칙을 소개하는 것이 학습자의 인지적 부담을 줄일 수 있습니다.

둘째, 파닉스 규칙을 소개하고 복습하는 수업 간 간격이 너무 길지 않도록 합니다. [Chapter 4. 연습]에서도 살펴보았듯이, 아동 학습자 수업에서 복습의 빈도frequency는 학습 성과의 성패에 중요한 요소입니다. 수업 간 간격을 좁혀서 직후 복습이 최대한 빨리 이뤄질 수 있도록 시간표 작성에도 관심을 가지면 좋겠습니다.

셋째, 철자-소리 대응관계의 난이도difficulty에 차이가 있다는 점을 기억하고 우리나라 학습자에게 특히 어렵고 헷갈리는 내용은 더 시간을 들여서 설명합니다. 예를 들어 자음 〈b〉, 〈k〉, 〈m〉, 〈p〉, 〈s〉, 〈t〉 등은 알파벳 이름에 소리에 대한 힌트가 있고 한국어에 비슷한 발음이 있기 때문에 우리나라 학습자가 조금 더 수월하게 배울 수 있습니다. 반면, 모음 알파벳 5종과 자음 〈c〉, 〈g〉, 〈h〉, 〈q〉, 〈w〉, 〈x〉, 〈y〉 등은 철자-소리 간 변칙이 있고, 자음 〈f〉, 〈j〉, 〈l〉, 〈r〉, 〈v〉, 〈z〉는 발음이 까다롭기 때문에 학습자가 받아들이는데 시간이 더 많이 걸립니다. 이러한 난이도에 따라서 교사가 개별규칙을 소개하고 설명하는 시간과 설명수준을 유연하게 조율할 필요가 있습니다.

마지막으로 학습자가 집중한 상태에서 확실하게 배울 수 있도록 지도합니다. 철자-소리 대응관계는 알파벳 소리를 한두 번 흘려서 듣는 것으로는 습득되지 않습니다. 확실한 소개와 설명, 다양한 학습놀이를 통한 명시적인 지도가 필요한데, 특히 파닉스 찬트는 학습자의 흥미를 자극하고 집중력을 끌어낼 수 있는 파닉스 학습놀이 중에 하나입니다[4]. 보다 효과적인 철자-소리 대응관계 지도를 위해 본 저자가 고안한 [이.소.어.동] 파닉스 찬트를 소개합니다.

● [이.소.어.동] 파닉스 찬트란?

[이름]-[소리]-[어휘]-[동작] 을 포함하여 학습자가 재미있게 철자-소리 대응관계를 학습할 수 있는 파닉스 찬트입니다. 각 알파벳의 대표 음성어휘는 학습자에게 친숙한 어휘 중에서 동작으로 만들기 쉬운 것으로 선정하였습니다. 찬트에 동작을 추가함으로써 학습자의 흥미를 높일 뿐만 아니라 학습내용의 장기기억long-term memory에도 도움이 될 것입니다.

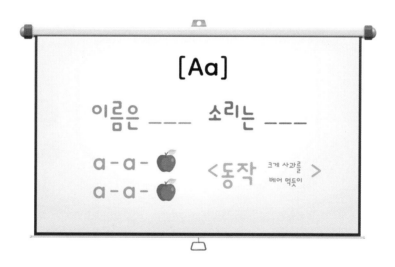

---

4 김명식. (2000). 노래와 찬트가 초등영어학습에 미치는 효과에 관한 연구. *Studies in English Education, 5*(2), 79-104.

[이.소.어.동] 파닉스 찬트 예시

예시영상

"이름은 <ɑ>"

"소리는 /æ/"

"/æ/-/æ/-🍎"
"/æ/-/æ/-🍎"

🔍 알려주세요

Q 왜 파닉스 학습을 지겨워할까요?

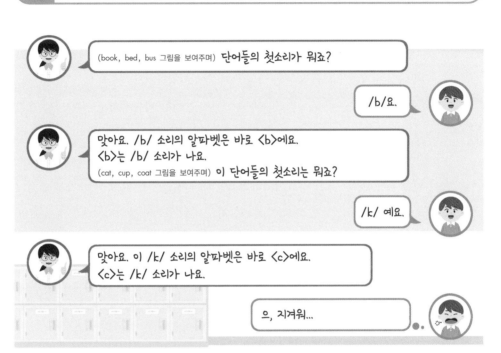

(book, bed, bus 그림을 보여주며) **단어들의 첫소리가 뭐죠?**

/b/요.

**맞아요. /b/ 소리의 알파벳은 바로 <b>에요.
<b>는 /b/ 소리가 나요.**
(cat, cup, coat 그림을 보여주며) **이 단어들의 첫소리는 뭐죠?**

/k/ 예요.

**맞아요. 이 /k/ 소리의 알파벳은 바로 <c>에요.
<c>는 /k/ 소리가 나요.**

으, 지겨워...

파닉스 규칙 외우는 게 지겹고 재미없어요. 나중에 규칙이 많아지니까 뭐가 뭔지 헷갈려요.

파닉스 규칙은 하나씩 외우는 수밖에 없잖아요. 그래서 아이들도 재미없어 하고 저도 가르치기가 힘들어요.

A 단순하게 파닉스 규칙을 나열하는 식의 학습은 지겨울 수밖에 없습니다.

파닉스 학습에서 철자-소리 대응관계가 탄탄하지 않으면 다음 단계인 블렌딩으로 넘어갈 수 없습니다. 비유를 하자면 본격적인 요리를 하기 전에 재료 준비가 끝나야 하는 것과 같은 이치입니다. 성인 학습자라면 26개 알파벳에 해당하는 철자-소리 대응관계를 간단히 소개하고 외우게 하면 되지만, 아동 학습자에게는 단순한 규칙 나열이 지겹게 느껴질 뿐만 아니라 나중에 기억하기도 힘듭니다.

본 책에서 추천하는 [이.소.어.동] 파닉스 찬트는 아동 학습자의 흥미 유발에 효과적인 것은 물론이고 언어와 이미지, 음악과 신체활동 등 다중지능적 기재를 통해서 학습자들이 파닉스 규칙을 기억하는 데 도움을 줍니다. 더욱 성공적인 파닉스 수업을 위해 철자-소리만 다루는 기계적인 대응에 그치지 않고, 학습자가 음성어휘와 동작을 리듬감 있게 큰 소리로 연습하도록 함으로써 장기기억에 도움을 주는 좌·우뇌 통합형 교수학습법을 활용할 것을 적극 권장합니다.

Q 영어 원어민 교사의 파닉스 수업을 보면 알파벳 이름은 몰라도 된다고 하면서 소리만 가르치던데 우리도 그래야 하나요?

A 각 언어권 학습자에게 적합한 교수법을 선택해야 합니다.

어느 나라에서나 아동이 모국어를 습득할 때는 문자보다 음성으로 언어를 먼저 접하게 됩니다. 영어 원어민 아동은 이미 영어 소리에 익숙하기 때문에 파닉스 수업에서 소리 위주의 지도가 있을 수 있습니다. 반면 우리나라 영어 학습자는 영어권 아동에 비해 음성언어로서의 영어 노출이 상대적으로 부족합니다.

그렇다고 EFL 학습자에게 단점만 있는 것은 아닙니다. 우리나라 아동들은 영어 파닉스를 배우기 전에 대부분 한글 문자해독 능력을 갖추기 때문에 문자언어가 낯설지 않습니다. 또한 영어 알파벳 이름을 이미 알고 있는 경우도 많습니다. 이와 같이 학습자가 처한 언어환경이 다르고 이미 지니고 있는 지식과 기술, 전략이 다르면 각 학습자에 적합한 교수법을 선택하는 것이 바람직합니다.

파닉스는 음철법이기 때문에 학습자는 결국 알파벳의 이름과 소리를 모두 알아야 합니다. 발음이 같지만 철자가 다른 see-sea, right-write, no-know와 같은 단어 쌍을 구분하기 위해서 영어 모국어권 아동들도 파닉스 학습 어느 시점에서 알파벳 이름을 배우게 되어 있습니다.

기초 영어 문해력 분야의 세계적인 석학, 미국 텍사스 대학교 출신의 Tunmer and Hoover가 제시한 다이어그램을 보아도 철자 지식letter knowledge은 음소 인식과 더불어 문자해독의 필수 요소[5]입니다. 그러므로 파닉스 학습자는 습득의 순서만 다를 뿐 궁극적으로 알파벳 이름과 소리를 모두 습득해야 합니다.

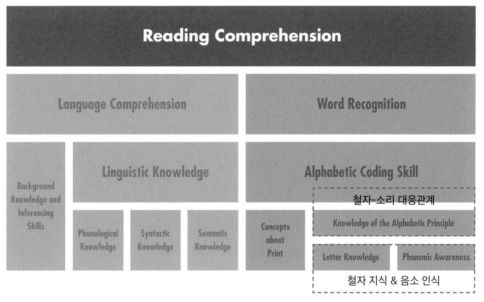

영어 문자해독 능력에 요구되는 지식과 전략
The Cognitive Foundations Framework

5   Tunmer, W. E. & Hoover, W. A. (2019). The cognitive foundations of learning to read: A framework for preventing and remediating reading difficulties. *Australian Journal of Learning Difficulties, 24*(1), 75-93.

[이.소.어.동] 파닉스 찬트
Integrative Phonics Chant

OBJECTIVES	학습자는 [이.소.어.동] 파닉스 찬트를 배우면서 철자-소리 대응관계를 재미있게 습득한다.
MATERIALS	[이.소.어.동] 파닉스 찬트 가사 슬라이드, 찬트 음원

가사   음원

IN-CLASS PROCEDURE

STEP 1 알파벳 이름 확인

교사는 알파벳 이름이 적힌 슬라이드를 가리키며 학생들에게 해당 알파벳 이름을 묻고, 학생들은 알파벳 이름으로 답한다.

STEP 2 음성어휘 제시

교사는 음성어휘가 담긴 슬라이드를 가리키고, 학생들은 제시된 이미지로 파악한 해당 음성어휘를 영어로 말한다.

STEP 3 소리 추측

교사는 음성어휘의 첫소리에 집중하라고 하며 STEP 1 에서 보았던 알파벳의 소리가 무엇인지 추측해 보라고 한다. 학생들이 자유롭게 말한다.

STEP 4 소리 발음

교사가 해당 알파벳의 소리를 명확하게 제시한다. 이때 한국어에 없는 소리를 제시하는 경우, 교사가 더욱 주의하여 정확한 입모양과 발음법으로 지도하도록 한다.
→ 198쪽, [Chapter 9. 발음 지도] 참고

STEP 5 동작 연습

교사가 해당 음성어휘를 표현하는 동작을 보여준다.
예 음성어휘가 apple이라면 /æ/ 입모양을 염두하여 입을 크게 벌리면서 사과를 먹는 표현이 핵심 동작이 될 수 있다.

STEP 6 활동 시작

교사와 학생들이 함께 4분의 4박자 리듬에 맞추어 [이.소.어.동] 찬트를 한다.

STEP 7 반복

다른 철자-소리쌍으로 STEP 1~6를 반복한다.

SAMPLE LESSON

● [이.소.어.동] 찬트 첫 시도 <Aa>, <Bb>

T **STEP 1** 알파벳 이름 확인

What's the name of this letter?

Ss <a>.

T **STEP 2** 음성어휘 제시

(사과를 가리키며) What's this?

Ss Apple.

T **STEP 3** 소리 추측

Focus on its beginning sound. What's the sound?

Ss /æ/.

T **STEP 4** 소리 발음

Open your mouth as wide as possible and say /æ/.

Ss (선생님과 입모양 이미지를 보며) /æ/.

T **STEP 5** 동작 연습

In your mind, think of a big apple. Hold out your hand. On the count of three, you're going to have a big apple in your hand. One, two, three!
Now, you're going to eat this apple. Are you ready?
(입을 크게 벌리고 사과를 먹는 동작을 하면서) /æ/-/æ/-apple.

Ss (선생님과 똑같이) /æ/-/æ/-apple.

T **STEP 6** 활동 시작

Let's do <Aa> chant together. We start with the left hand.

왼손부터 시작해요. 왼손이 이름, 오른손이 소리 예요. Watch how I do it.

"이름은 <a>, 소리는 /æ/,

/æ/-/æ/-apple, /æ/-/æ/-apple."

Let's do this together. Are you ready?

One, two, three, four!

Ss (왼손부터) 이름은 <a>, 소리는 /æ/,

(동작을 하면서) /æ/-/æ/-apple, /æ/-/æ/-apple.

T **STEP 7** 반복

Excellent! Let's move on to <Bb>.

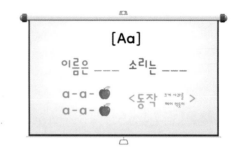

● **학생들이 동작을 직접 만들 때**

T **STEP 5** 동작 연습

Let's make an action for *egg*. Will you try?

Ss (학생들 각자 egg 동작을 만들어 본다.)

T It's better if the action is simple and easy to follow.

(학생들의 동작을 살펴보다가 어떤 동작이 마음에 들 경우) Oh, I like that. Let's try that together.

(동작을 하면서) /e/-/e/-egg.

Ss (동작을 다 같이 하면서) /e/-/e/-egg.

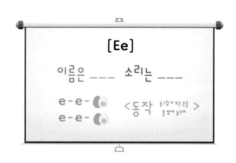

박희양 멘토의 Tip

 각 알파벳의 대표 음성어휘는 학습자에게 익숙한 어휘 중에서 동작으로 만들기 쉽고 재미있는 것으로 선정합니다.
→ 185쪽, [알파벳 대표 음소와 권장 음성어휘] 참고

 활동 초반에는 학생들이 스스로 동작을 만들기에 낯설거나 쑥스러워할 수 있으므로 <a>, <b>, <c>, <d> 정도까지는 교사가 미리 준비한 동작을 알려주는 것이 좋습니다. 학생들이 이 활동에 익숙해지면 스스로 동작을 만들어 보도록 격려합니다.

 교사는 학생들이 고안한 동작 중에서 따라하기 쉽고 재미있는 것으로 선택하여 활동에 반영합니다. 학생들이 제시한 동작이 복잡하거나 적절하지 않을 경우를 대비하여 교사는 자신만의 [이.소.어.동] 파닉스 찬트 동작 예시가 준비되어 있어야 합니다.

 교사부터 동작을 크고 신나게 표현하여 학생들이 찬트 활동에 즐겁게 참여할 수 있도록 모범이 되어주세요.

찬트와 노래의 교육적 효과
The Educational Benefits of Chants and Songs

언어 교육에서 음악은 매우 중요한 요소입니다. 특히 초등 영어 교육에서는 찬트와 노래가 효과적인 교수 방법으로 활용됩니다[6]. 여럿이 한목소리로 영어 찬트와 노래를 부르다 보면 영어에 대한 어색함은 사라지고 친구들과의 유대감 또한 쌓을 수 있습니다. 파닉스 학습에도 찬트나 노래를 활용하면 학습자가 흥겹게 따라 부르거나 신체를 움직임으로써 건강하게 자기정서를 표현할 수 있습니다. 더 나아가 학습 과정을 일종의 유희 활동처럼 즐기면서 영어의 리듬을 효과적으로 익히고, 자연스럽게 영어에 흥미와 자신감을 가질 수 있게 됩니다[7]. 초등 영어 교실에서 찬트와 노래를 접목한 활동에 활용하기 좋은 YouTube 채널을 소개합니다.

▶ **Super Simple Songs - Kids Songs** https://www.youtube.com/@SuperSimpleSongs
따라 부르기 쉬운 멜로디로 된 영어 학습 노래를 게시하는 채널이다. Noodle and Pals, Finny the Shark와 같이 귀여운 캐릭터가 등장하여 특히 저학년 학습자가 선호한다. 학습놀이 활동 시 배경음악으로 활용할 노래를 검색하기에도 좋다.

▶ **Jack Hartmann Kids Music Channel** https://www.youtube.com/@JackHartmann
Jack Hartmann은 학습 내용을 중독성 있는 비트와 재치 있는 가사로 녹여낸다. 자칫 이해하기 어려울 수 있는 문법 개념도 리듬에 맞춰 Jack 할아버지의 율동을 따라하다 보면 즐겁게 익힐 수 있다.

---

6 홍선호, 나서영, 권윤희. (2010). 초등학생들의 영어 노래와 챈트에 대한 선호도 연구. *한국초등교육, 21*(1), 135-146.

7 김명식. (2000). 노래와 챈트가 초등영어학습에 미치는 효과에 관한 연구. *Studies in English Education, 5*(2), 79-104.

본 책에서 추천하는 [이.소.어.동] 파닉스 찬트는 즐거운 분위기 속에서 싫증나지 않는 반복을 통해 학습 내용이 장기 기억에 저장되도록 유도합니다. 이를 통해 학습자가 이전에 배웠던 파닉스 규칙을 쉽게 잊어버리는 상황을 조금이나마 해소할 수 있습니다.

파닉스는 말소리를 다루기 때문에 [이.소.어.동] 파닉스 찬트의 학습 효과를 극대화하기 위해서는 영어 발음 지도가 필요합니다. 학습자가 신나는 리듬에 맞춰 영어 소리를 내는 찬트를 부르더라도, 정확한 발음법을 알지 못한다면 파닉스 찬트의 유용성이 약화될 수 있습니다. 따라서 한국어 음운과 비슷한 발음에는 큰 문제가 없지만, 한국어에 아예 존재하지 않거나 비슷하지만 다른 영어 발음은 교사가 명시적으로 교육을 진행해야 합니다. 다만, 초등학습자를 대상으로 할 때에 이해하기 어려운 음성학적 설명은 도움이 되지 않는다는 점을 유의해야 합니다. [Chapter 9. 발음 지도]에서 제시하는 각 발음별 교수법 팁과 시청각 자료, 유용한 유튜브 채널을 활용하여 아동 학습자의 수준에 맞는 발음 지도를 진행하고, 찬트의 흥미로운 요소와 파닉스 교육의 효과를 한층 높여보면 어떨까요?

Chapter 09 발음 지도

🗨️ 알아볼까요

발음, 파닉스 교육에서 부각되어야 할 영역

Chapter 1 [알고 있나요]에서 세계 영어에 대해 알아본 것과 같이, 영어는 많은 비영어권 국가에서 단순히 외국어를 넘어서 세계어global language로서의 높은 위상을 가지고 있습니다. 추세를 반영하듯 최근 공인 어학능력 시험에서는 다양한 발음과 억양으로 듣기 문항이 출제되고 있습니다. 그렇다면 '영어 국제어 시대'에 현실적이고 실행 가능한 영어발음 지도의 목표는 무엇일까요? 우리의 목표 지점은 원어민스러움이 아닌 바로 이해도intelligibility에 있습니다[1].

● 이해도 Intelligibility

화자speaker의 틀린 발음은 청자listener의 이해도에 문제를 일으킵니다. 예를 들어 화자가 "Can you pass me the fork?"라고 요청할 때, fork를 pork라고 발음한다면 청자와의 정확한 의사소통에 문제가 발생하게 됩니다. 청자는 화자가 요청한 식기(fork)가 아닌 돼지고기(pork)를 건네줄 테니 말이지요. 따라서 /f/-/p/ 발음 구분은 이해도 관점에서 확실하게 이뤄져야 합니다.

---

1 Murphy, J. M. (2014). Intelligible, comprehensible, non-native models in ESL/EFL pronunciation teaching. *System, 42*, 258-269.

교사는 이처럼 이해도에 입각한 발음 지도를 목표로 하여 한국어를 모국어로 하는 어린 학습자가 쉽게 습득할 발음과 어려워할 발음을 구분해서 지도해야 합니다. 학습자와 교사가 모두 한국인인 경우 영어 발음을 지도하는 과정에서 이를 한국어 발음과 일부분 비교할 수 있습니다. 단, 모든 영어 음소가 한국어 음소와 일대일로 대응되지는 않는 점을 기억하고 학습자에게도 안내합니다. /æ/=/ㅐ/, /f/=/ㅍ/와 같은 두 언어의 무리한 일대일 매칭은 학습자에게 정확하지 않은 발음을 교사가 가르치는 격이 될 뿐만 아니라, 엄연히 음운체계가 다른 두 언어의 발음이 같다는 정확하지 않은 언어인식을 주게 되므로 주의해야 합니다.

 선생님, 그러면 영어랑 한국어가 발음이 똑같은 거예요?

한국 학습자에게 어렵고 헷갈리는 영어 발음은 특히 주의를 기울여서 지도합니다. 영어 발음에 대한 좋은 표본을 제시할 수 있는 원어민 교사는 한국 학습자가 어떤 발음에서 어려움을 느끼는지 알아야 합니다. 모국어를 먼저 습득한 다음에 영어를 외국어로 접하게 되는 EFL 학습자의 경우 모국어 영향을 받을 수밖에 없기 때문에, 원어민 교사에게 학습자의 모국어에 대한 지식과 이해는 필수적입니다[2].

알파벳 26개 음소에 대해서 한국 학습자들이 어려워하는 발음을 정리하면 다음과 같습니다.

단모음		
	/æ/-/e/	bad-bed, pat-pet, man-men, sad-said, sat-set 단어쌍의 발음이 어떻게 다른지 인식하고 발화하는 것을 어려워함.
	/ɔ:/	dog, long, all, talk 등을 발음할 때 모음 입모양을 만들기 어려워함.

2 Pinter, A. (2017). *Teaching Young Language Learners* (2nd ed.) London: Oxford University Press.

단자음	/b/-/v/ /f/-/p/	한국어에는 해당 음소가 하나밖에 없기 때문에 혼동하는 경향이 있음.
	/l/-/r/ /dʒ/-/z/	한국어에 정확하게 매칭되는 음소가 없기 때문에 발음이 제대로 되지 않을 뿐만 아니라 두 소리를 혼동하는 경향이 있음.
	/w/-/j/	자음과 모음의 성격을 모두 가지는 반자음glide의 경우 발음 자체는 어렵지 않지만 두 소리 구분을 어려워함.
	알파벳 〈x〉	box, fox, six와 같이 〈x〉가 끝에 위치한 단어에서 두 개 음소 /ks/를 빠르게 연결해서 발음하는 것에 많은 연습을 필요로 함.

이렇게 학습자가 각별히 신경 써야 하는 발음은 입모양을 보여주는 영상과 이미지 등의 시각자료를 최대한 활용하면서 아동 학습자의 눈높이에 맞도록 쉽게 설명합니다. 가령 /æ/에 대해서 교사용 지도서에 '윗니와 아랫니 사이를 벌리고 입술을 양쪽으로 당기면서 혀의 앞부분을 안쪽에 대고 턱을 내리고 발음한다'고 제시하고 있는데, 이런 설명은 아동 학습자가 이해하기에 어렵기 때문에 적절한 교수법이라고 보기 어렵습니다[3]. 따라서 직관적인 정보를 포함하는 시각자료를 바탕으로 초등의 어린 학습자가 쉽게 이해할 수 있는 설명과 학습놀이 개발을 위한 노력이 필요합니다.

---

3 손중선. (2021). 초등영어 교사용-지도서의 파닉스 지도 영역에 제시된 발음 정보 분석. *영어영문학연구, 47*(1), 181-204.

? 알려주세요

Q 한국인/원어민 교사 중에 누가 발음을 지도해야 할까요?

(fish 그림을 가리키며) What's this?

Pish

No. This is *fish*, not *pish*. Say it again. *Fish*.

Pish

(수업 후)

The students keep saying *pish*, not *fish*. Why is that?

There is no /f/ sound in Korean. We only have a /p/ sound.

Oh, really? I didn't know that. Then what should I do?

그러게, 어떻게 하면 좋을까?

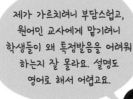

제가 가르치려니 부담스럽고,
원어민 교사에게 맡기려니
학생들이 왜 특정발음을 어려워
하는지 잘 몰라요. 설명도
영어로 해서 어렵고요.

I don't understand
why the students
make the same
pronunciation errors.

A 한국인, 원어민 교사 둘 다 발음 지도를 할 수 있습니다.

외국어로 영어를 학습하는 우리나라 학습자의 경우 모국어 전이$^{L1\ transfer}$로 인하여 특정 발음을 인식하고 발화하는데 어려움을 겪습니다. 이때 교사는 학습자의 입장이 되어 학습자가 특정 발음을 왜 어려워하는지 이해하고, 학습자가 쉽게 알아들을 수 있도록 설명해야 합니다.

한국어와 비슷한 영어 발음은 한국어를 활용해도 괜찮습니다. 그러나 한국어에 없는 영어 특유의 발음은 한국어와 일대일 대응하지 않고, 입모양을 보여주는 영상과 이미지 등 학습자가 보고 따라할 수 있는 시청각자료를 적극적으로 활용합니다. 또한 어린 학습자의 눈높이에 맞춰서 그들이 이해할 수 있도록 쉬운 언어로 설명합니다.

이처럼 학습자의 모국어 배경을 이해하고 아동 학습자가 이해할 수 있는 교수법을 활용하여 발음을 지도한다면 한국인, 원어민 상관없이 발음지도를 할 수 있습니다. 이번 챕터에서는 학습놀이를 대신하여 한국인 학습자가 어려워하는 영어 발음의 올바른 지도 방법을 알려드리겠습니다.

영어 특유의 발음 지도 방법[4]
Instructional Guide for Difficult English Sounds

■ Aa, Ee 발음

입 크게 벌리고 소리 조금 길게

TEACHER TALK 우리말에 비슷한 소리가 없어요. 우리말 /애~/보다 입을 조금 더 크게 벌려요. 세상에서 제일 큰 사과가 여러분 손 위에 있다고 상상해요. 이제 이 큰 사과를 먹어야 해요.

① 입을 크게 벌리고
② 소리는 조금 길게

/æ/-/æ/- 🍎   /æ/-/æ/- 🍎

/æ/ 보다 입 옆으로 당겨서 소리 짧게

TEACHER TALK 우리말 /에/와 비슷해요.

① 입을 옆으로 자연스럽게 벌리고
② 소리는 /æ/보다 짧게

/e/-/e/- 🥚   /e/-/e/- 🥚

---

4 미국식 발음을 기준으로 제시한다.

● Oo의 두 가지 발음

본 책에서는 알파벳 <o>의 대표소리를 미국식 발음 /ɑː/로 제시합니다. 그러나 /ɔː/ 소리도 영어 어휘에 자주 등장하므로 추가적으로 소개합니다.

/ɑː/의 예: ox, mom, not, sock

/ɔː/의 예: orange, dog, soft, long

Oo /ɑː/

한국어 '아~'와 유사, 소리 약간 길게

o**x**

TEACHER TALK

우리말 /아~/ 소리와 비슷해요. 조금 길게 발음해요.

① 한국어 '아~'를 소리 내듯이

② 소리는 약간 길게

/ɑː/-/ɑː/- 🐃   /ɑː/-/ɑː/- 🐃

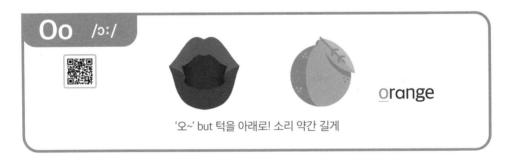

Oo /ɔː/

'오~ but 턱을 아래로! 소리 약간 길게

orange

TEACHER TALK

우리말에 비슷한 소리가 없어요. 우리말 /오~/보다 입을 조금 더 크게 벌려요. 조금 길게 발음해요.

① 한국어 '오'를 내듯 입술을 오므리되 턱을 아래로 떨어뜨리고

② 소리는 약간 길게

/ɔː/-/ɔː/- 🍊   /ɔː/-/ɔː/- 🍊

● Ff, Vv 발음

Ff /f/

fish

윗니를 아랫입술에 살짝, 바람을 가볍게~

TEACHER TALK

우리말에 비슷한 소리가 없어요. 우리말 /ㅍ/가 아니에요.

윗니를 아랫입술 위에 살짝 얹어요. 너무 세게 깨물면 안 돼요. 이 상태에서 바람을 가볍게 불어보아요. 손을 입 앞으로 가져가요. 바람이 느껴지나요?

① 윗니를 아랫입술 중간 부분에 살짝 올리고
② 바람을 가볍게 윗니와 아랫입술 사이 공간으로 밀어내듯이

/f/-/f/- 🐠　　/f/-/f/- 🐠

Vv /v/

van

윗니를 아랫입술에 살짝, 입술이 징~ 울림

TEACHER TALK

우리말에 비슷한 소리가 없어요. 우리말 /ㅂ/가 아니에요.

위에 /f/처럼 윗니를 아랫입술 위에 살짝 얹어요. 이 상태에서 부드럽게 소리를 내봐요. 핸드폰 진동처럼 입술과 목 안쪽이 '징~'하고 울려요. 소리를 내며 목에 손을 대어 울림을 느껴보세요.

① 윗니를 아랫입술 중간 부분에 살짝 올리고
② 소리를 낼 때 입술과 목 안쪽 울림을 느끼며

/v/-/v/- 🚐　　/v/-/v/- 🚐

● Jj, Zz 발음

Jj /dʒ/

jet

입술 둥글게 앞으로, 공기 살짝 막았다 터트리며

TEACHER TALK

우리말에 비슷한 소리가 없어요. 우리말 /ㅈ/가 아니에요.

귀여운 아기에게 뽀뽀하듯이 입술을 둥글게 앞으로 빼요. 그리고 입술을 살짝 벌려요. 이게 준비 동작이에요. 여기에서 공기를 터트리면서 우리말 '쥬~' 비슷하게 발음해요.

① 입술을 둥글게 앞으로

② 공기를 터트리면서 '쥬~' 비슷하게

/dʒ/-/dʒ/- ✈   /dʒ/-/dʒ/- ✈

Zz /z/

zipper

윗니, 아랫니 가깝게, 벌이 날듯이 입천장 진동

TEACHER TALK

우리말에 비슷한 소리가 없어요. 우리말 /ㅈ/가 아니에요.

벌이 윙윙거리며 날아다니는 소리를 내봐요. 입천장과 목 안쪽이 '징~'하고 떨려요. 공기와 진동하는 소리가 혀와 입천장의 좁은 사이로 빠져나와요. 윗니와 아랫니는 살짝 닫혀있어요.

① 윗니와 아랫니를 살짝 닫고

② 벌이 날아다니는 듯이 입천장을 '즈~'하고 진동시키며

/z/-/z/- 🔒   /z/-/z/- 🔒

● Ll, Rr 발음

Ll /l/

혀로 앞니 안쪽을 밀면서 콧소리

_lion

우리말에 비슷한 소리가 없어요. 우리말 /ㄹ/가 아니에요.

혀로 앞니 안쪽을 밀어요. 혀에 힘을 준 상태에서 소리를 내면 콧소리가 나요.

① 혀로 앞니 안쪽을 밀며

② 혀에 힘을 준 상태에서 콧소리

/l/–/l/–🦁   /l/–/l/–🦁

Rr /r/

혀 뿌리를 뒤로, 입술을 살짝 둥글게

_red

우리말에 비슷한 소리가 없어요. 우리말 /ㄹ/가 아니에요.

우선 혀 뿌리를 뒤로 목구멍 쪽으로 살짝 당겨요. 그러면 자동적으로 혀끝이 살짝 위로 말려요. 그 상태에서 뽀뽀하듯이 입술을 둥글게 앞으로 내밀어요.

① 혀 뿌리를 뒤로, 혀 끝은 위로 말리게

② 입술은 자연스럽게 오므리며

/r/–/r/–   /r/–/r/–

● Ww, Yy 발음

영어에서 /w/, /j/는 자음과 모음의 성격을 모두 갖춘 반모음半母音입니다. 영어로는 semi-vowel 또는 glide라고 합니다. 따라서 /w/, /j/는 뒤에 어떤 모음이 오는지에 따라서 정확한 발음이 결정됩니다. 이 책에서는 편의상 다음과 같이 소개합니다.

입술을 좁고 동그랗게

TEACHER TALK 우리말 '워'와 비슷해요.
먼저 입술을 좁고 동그랗게 해요. 다음에 오는 모음소리와 연결되며 오므렸던 입술을 벌려요.

① 우리말 '워'처럼 입술을 좁고 동그랗게
② 뒤따라오는 모음소리에 연결되게 벌릴 준비

/w/-/w/- WOW!   /w/-/w/- WOW!

입을 벌리고 턱을 살짝 앞으로

TEACHER TALK 발음기호 /j/와 /dʒ/를 헷갈리지 않도록 주의해야 해요.
우리말 '여'와 비슷해요. 입을 가볍게 벌린 상태로 턱을 앞으로 살짝 내밀어요.

① 우리말 '여'처럼 입을 벌리고, 턱을 살짝 앞으로
② 뒤따라오는 모음소리에 연결되게 벌릴 준비

/j/-/j/- Yes!   /j/-/j/- Yes!

■ Qq, Xx 발음

Qq /kw/

queen

입술을 동그랗게 시작

TEACHER TALK 우리말 '쿼'와 비슷하고 /ㅋ/는 아니에요. 영어 알파벳 <q>는 혼자 쓰지 않고 항상 뒤에 <u>가 와서 <qu>로 쓰여요. /w/처럼 입술을 좁게 동그랗게 하는 것이 준비 동작이에요.

① /w/ 입모양으로 준비 동작
② 우리말 '쿼'와 비슷하게

/kw/-/kw/- 👑　　　/kw/-/kw/- 👑

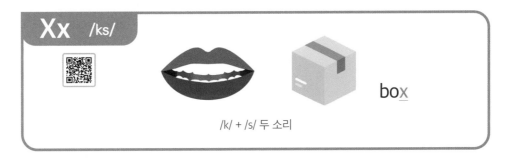

Xx /ks/

box

/k/ + /s/ 두 소리

TEACHER TALK 알파벳 <x>는 단어의 끝소리로 많이 쓰여요. /k/+/s/ 두 개의 소리를 연달아서 낸다고 생각해요. /s/ 소리와 구분해야 해요.

① /k/+/s/ 두 소리를
② 빠르게 연결하여 /ks/

/ks/-/ks/- 📦　　　/ks/-/ks/- 📦

명시적 영어 발음 지도
Explicit Instruction of English Pronunciation

대개 발음은 말하기의 음성언어 영역이고 파닉스는 읽기의 문자언어 영역이기 때문에 파닉스 수업에서 발음에 대한 명시적인 지도가 제대로 이뤄지지 않은 경우가 있습니다. 그러나 본 책에서 지속적으로 강조한대로 파닉스는 음성언어와 문자언어를 연결하는 다리 역할을 하기 때문에 자음과 모음을 대상으로 하는 분절적segmental 발음 지도는 필요한 요소입니다. '어떤 발음을 지도할 것인가?'에 대해서도 우리는 청자가 들었을 때 다른 단어로 오해하지 않는 범위의 이해 가능한 발음intelligible pronunciation을 대상으로 한다는 점을 분명히 했습니다.

내국인과 원어민 교사는 자신의 장점을 극대화하여 한국어를 모국어로 하는 우리나라 초등학생들을 교육해야 합니다. 그들의 눈높이에 맞는 효율적인 교수학습 자료와 교수법을 활용함으로써 어린 학습자들이 쉽게 이해하고 정확한 영어 발음을 습득하도록 지도해야 합니다. 또한 발음은 학습자가 조음법을 이해했다고 해서 당장 발화가 개선되는 것이 아니라는 점도 기억해야 합니다. 상당히 긴 시간과 많은 양의 연습이 필요함에도 불구하고 명시적인 발음 지도가 필요한 것은, 학습자가 조음법에 대한 이해를 바탕으로 의식적인 노력을 통해서 지속적인 연습을 할 수 있기 때문입니다.

다음은 명시적 발음 지도 시 참고하고 활용하기를 추천하는 YouTube 채널입니다. 이처럼 다양한 매체를 활용하여 학습자에게 충분한 발음 연습 기회를 제공할 수 있습니다.

▶ **Rachel's English**   https://www.youtube.com/@rachelsenglish
미국식 영어 발음을 알려주는 채널이다. 입모양을 정면과 측면에서 보여주기 때문에 학생들에게 집중 지도하고자 하는 입모양에 장면을 멈춰 보여주는 용도로 활용할 수 있다.

▶ **Accent's Way English with Hadar**   https://www.youtube.com/@hadar.shemesh
비원어민도 영어 말하기에 자신감과 전달력을 갖출 수 있도록 여러 팁을 알려주는 채널이다.

▶ Shaw English Online https://www.youtube.com/@ShawEnglishOnline

ESL 학생들을 위한 다양한 영어 강의를 제공하는 채널이다. 특히 다양한 문화적, 지역적 배경을 갖춘 인물들을 인터뷰한 "100 Common English Questions"를 통해 여러 액센트의 발음을 들어 볼 수 있다.

▶ Smile and Learn – English https://www.youtube.com/@SmileandLearnEnglish

[Phonics for Kids] 시리즈를 통해 개별 음소를 소개하고, 각 음소를 발음할 때 입모양을 영상으로 제시한다. 파닉스 수업에서 전체 영상을 바로 보여줄 수 있는 편리한 채널이다.

▶ 러닝그라운드 https://www.youtube.com/@lrgd

한국인이 운영하는 채널로 진행자가 우리말로 한국어 학습자가 이해하기 쉽게 설명하고, 입 안에서 입술과 혀 등의 위치를 쉽게 파악할 수 있는 단순한 시각자료를 제공한다. 채널 내 '영어발음 관련 TIP' 재생목록이 특히 유용하다.

▶ 영어 토스하는 에이미쌤 https://www.youtube.com/@englishtossamy

한국인 학습자가 흔히 하는 실수를 예시로 들어 헷갈리고 어려울 법한 발음 위주로 설명한다. 특히 채널 내 '발음클리닉ABC' 재생목록의 영상들을 통해 각 발음의 특징을 쉽게 알려준다.

이해 가능한 발음까지 지도한 교사가 다음으로 신경 써야 할 부분은 바로 누적 복습입니다. 알파벳 26개 철자-소리 대응관계에 대한 끊임없는 복습이 이루어지지 않으면 아동 학습자는 배운 내용을 잊어버리거나 비슷한 규칙을 헷갈려 하는 일이 빈번합니다. 직전 학습 내용을 확인하는 2~3회 복습만으로는 부족하며, 효율적인 파닉스 규칙 복습은 누적적으로 이뤄져야 합니다. [Chapter 10. 누적 복습]에서 지속적인 복습을 가능하게 하는 다양한 학습놀이를 알아보고, 학습자가 민지 배운 영어 발음법을 완벽하게 체득하도록 상기시키는 복습 방법에 적용해 봅시다.

누적 복습

💬 알아볼까요

누적 복습, 학습내용 내면화를 위한 필요조건

영어 문자해독 능력 개발은 학습자가 알파벳 철자-소리 대응관계를 얼마나 정확하게 습득하고 기억하는지에 달려있다고 하였습니다. 만약 매 수업 시간에 교사가 한 두 개 정도의 파닉스 규칙을 소개하고 학습자가 놀이활동을 통해 그 내용을 충분히 익힌다면, 학습자 입장에서 그때그때의 수업 내용은 큰 인지적 부담이 되지 않을 것입니다. 그러나 기억은 또 다른 문제입니다. 교사는 학습자가 26개의 철자-소리 대응관계를 오랜 기간동안 잊지 않고 기억할 수 있도록 신경 써야 합니다. 파닉스 지도의 다음 단계인 [Chapter 11 소리 조합, 블렌딩]으로 나아가기 위해서 학습자는 파닉스 규칙을 내면화internalization하고 자동화automaticity하는 것이 필수이기 때문입니다[1].

● 내면화 Internalization

교육 상황에서의 내면화란 학습자가 새롭게 배운 지식을 받아들여 자기 것으로 만드는 과정을 말합니다. 내면화를 통해서 학습자는 필요한 경우 언제든지 배운 내용을 기억에서 검색하고 회수하여 자유롭게 활용할 수 있습니다. 그렇다면 파닉스 수업에서 배운 규칙이 학습자의 단기기억에서 장기기억으로 내면화되려면 무엇이 필요할까요? 그 핵심 열쇠가 바로 지속적인 복습입니다.

---

1 김영민. (2019). 초등영어 교과서에 제시된 초기 읽기, 쓰기 활동. *교사교육연구, 58*(4), 439-452.

앞서 [Chapter 4. 연습]에서 살펴보았던 에빙하우스의 망각 곡선은 처음 학습이 이뤄진 이후에 하루만 지나도 전체 내용의 60%를 잊어버리게 된다고 나타내고 있습니다. 1차 복습을 한 경우 상황은 조금 나아지지만, 시간이 흐름에 따라 여전히 절반 가량의 기억이 사라진다고 하지요. 그러므로 복습은 지속적일 뿐만 아니라 동시에 누적적cumulative이어야 합니다.

● 누적 복습 Cumulative Review

미국의 심리학자이자 교육학자인 제롬 브루너는 효율적인 학습 경험과 성공적인 학습 목표 달성을 위해, 직전의 학습 내용을 복습하는 것뿐 아니라 나선형으로 이루어지는 누적 복습이 교육과정에 필수로 포함되어야 한다고 강조하였습니다[2]. 나선형 누적 학습 모형을 에빙하우스의 망각 곡선과 함께 파닉스 교실에 적용해 봅시다.

나선형 누적 학습의 중요성

2   Bruner, J. (1996). *The Process of Education. Cambridge.* MA: Harvard University Press.

교사가 〈E, F, G, H〉의 철자-소리 대응관계를 소개한 이후에 한두 번 복습으로 그치고 계속 진도를 나간다고 가정하였을 때, 아동 학습자는 알파벳 순서로 후반에 속한 〈S, T, U, V〉를 소개할 즈음에 한참 전에 배웠던 〈E, F, G, H〉의 파닉스 규칙을 잊어버릴 확률이 큽니다. 영어를 외국어로 접하는 성인 학습자가 새로운 어휘를 배울 때 최소 10회 복습 과정을 거쳤을 때 확실하게 기억할 수 있었다는 연구결과[3]를 보더라도, 복습의 여부만큼 그 빈도도 중요하다는 것을 알 수 있습니다. 따라서 복습의 빈도를 높이기 위해서 교사는 바로 앞 차시 수업에서 지도한 내용만을 다시 짚고 넘어가는 이른바 '직전 복습'에 그치지 않고, 그보다 더 이전에 배운 내용도 지속적으로 복습 활동에 포함해야 합니다. 이를 위해 교사는 각 학교에서 채택한 교과서를 재구성하고 보충자료를 사용하면서 수업을 더욱 창의적으로 운영할 필요가 있습니다[4].

파닉스 수업 시간에 26개 알파벳 개별 음소를 한 번씩 배우는 데 그치지 않고 최소 10회의 누적 복습을 진행한다면, 이 수업에 참여한 학생은 어떠한 학습 결과를 보여주게 될까요? 어떠한 철자가 주어지더라도 그에 대응하는 음소를 바로 떠올리고 답할 수 있는 상태인 파닉스 규칙 자동화automaticity를 이룰 수 있게 될 것입니다.

그러나 방금한 가정과 같이 누적 복습이 제 효과를 발휘하기 위해서는 먼저 학습자가 갖추어야 하는 조건이 있습니다. 따라서 교사는 파닉스 규칙의 누적 복습을 진행하기에 앞서 다음 네 가지 조건을 점검하여 학습자가 복습 활동에 참여할 준비가 되었는지 확인합니다.

---

3 Webb, S. (2007). The effects of repetition on vocabulary knowledge. *Applied Linguistics, 28*(1), 46-65.

4 주형미, 양윤정, 남창우. (2014). 교과서 완결 학습 체제 구현 방안 탐색. 서울: 한국교육과정평가원.

Check! Check!

✓ 학습자가 영어 알파벳 이름과 소리가 다르다는 메타언어적 개념이 있나요?

 이제는 A의 이름과 소리가 다르다는 걸 확실히 알겠어!

 A가 왜 '에'지?

메타언어적 개념이 부족한 학생이 있다면

→ [Chapter 6. 알파벳 이름-소리 구분] 전략과 학습놀이 적용

✓ 학습자가 영어 단어의 첫소리를 철자가 아닌 소리로 접근하나요?

 *Car, king*은 첫 글자는 다르지만 소리는 둘 다 /k/로 똑같아!

 *Car*는 첫소리가 /s/, *king*은 /k/ 아니야?

아직 알파벳 첫소리를 철자로 접근하는 학생이 있다면

→ [Chapter 7. 첫소리 인식] 전략과 학습놀이 적용

✓ 학습자가 철자-소리 대응관계를 확실하게 학습했나요?

 [이.소.어.동] 찬트 덕분에 파닉스를 재미있게 배웠어.

철자와 소리를 정확하게 연결 못하는 학생이 있다면

→ [Chapter 8. 철자-소리 대응관계] 전략과 학습놀이 적용

✓ 학습자가 각 영어 소리의 정확한 발음법을 알고 있나요?

 영어 발음 /æ/와 /e/, /f/와 /p/가 어떻게 다른지 확실히 알겠어.

아직 영어 발음 연습이 필요한 학생이 있다면
→ [Chapter 9. 발음 지도] 전략과 지도 방법 적용

위와 같이 네 가지 질문을 통해 학습자가 누적 복습에 참여할 수 있는 기본 파닉스 지식과 기술을 갖추었음을 파악했습니다. 이제 다음 페이지로 넘어가 교사가 누적 복습을 지도할 때 주의해야 할 점과 자칫 지루해지기 쉬운 복습을 어떠한 방식으로 재미있게 풀어갈 수 있을지 알아봅시다.

🔍 알려주세요

Q 철자-소리 대응관계 수업을 끝냈는데 왜 기억을 못할까요?

 (hen 글자를 가리키며) 이 단어에는 세 개의 소리가 있어요. 어떤 소리죠?

(소리로 말하지 않고 알파벳 이름으로 말함) 에이치, 이, 엔!

 그건 알파벳 이름이죠? 이름 말고 소리로 말해요. 예전에 배운 내용을 잘 떠올려 보세요.

(당황하며) 뭐였지...? 헷갈리는데...

 왜 대답이 바로 안 나오죠? 배운 것이 기억 안 나요?

너무 오래 전에 배워서 다 잊어버렸어요.

 이제 소리조합을 해야 하는데, 아직 소리를 기억 못하니 큰일이네...

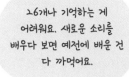 ㄱ6개나 기억하는 게 어려워요. 새로운 소리를 배우다 보면 예전에 배운 건 다 까먹어요.

열심히 파닉스 규칙을 가르쳤고 직전 복습도 열심히 했어요. 이제 소리조합 단계로 넘어가야 하는데 아직도 개별소리를 모르니까 너무 힘이 빠져요.

A 단기기억에서 장기기억으로 넘어가는 데는 빈도와 반복이 중요하기 때문입니다.

아동 학습자를 대상으로 하는 교육에서는 가급적 짧은 시간으로 자주 수업을 하는 것이 특히 중요합니다[5]. 2022 개정 초등 영어교과서에 파닉스 요소가 어느 차시에 얼마나 소개되는지 상관없이 파닉스 규칙의 복습은 최대한 자주 조금씩 지속적으로 이뤄지는 것이 이상적입니다. 만약 아동 학습자의 특성을 효과적으로 반영하지 못하는 빈도로 수업을 하고 바로 직전 내용만 복습하게 되면, 알파벳 순서의 중간에 해당하는 〈M, N, O, P〉에 다다를 때 아동 학습자는 오래 전에 배웠던 파닉스 규칙들을 잊어버리게 되는 것은 어찌 보면 당연한 결과일지도 모릅니다.

방과후 수업이나 사교육 수업에서 추가적으로 파닉스를 배운 학습자는 상황이 더 나을까요? 물론 학교 파닉스 수업에 단독으로 참여하는 경우보다는 수업 참여 빈도가 더 높기 때문에 학습자가 배운 내용을 기억하기에 더 유리할 수 있습니다. 그러나 추가 파닉스 수업에서도 직전 복습만이 이뤄진다면 학습자가 예전에 배운 내용을 잊어버리는 결과는 같습니다. 철자-소리 대응관계의 다음 단계인 소리조합이 원활하게 진행되기 위해서는 학습자가 26개의 개별 음소 지식을 실시간으로 회수하여야 하는데, 직전 차시에 배운 내용만을 상기시켜주는 것으로는 이를 보장할 수 없기 때문입니다.

지금까지 초등 학습자가 처음부터 배웠던 파닉스 규칙을 상기하여 내면화할 수 있도록 지속적인 반복 학습을 유도하며 지도해야 한다는 점을 여러 번 강조했습니다. 이어서 26개의 개별 음소 누적 복습에 특화된 학습놀이와 여러 개의 음소를 복습할 때 적합한 [이.소.어.동] 찬트의 다양한 버전과 활용법을 제시합니다.

---

5 Curtain, H., & Dahlberg, C. A. (2000). Planning for success: Common pitfalls in the planning of early foreign language programs. ERIC Digest. Washington, D.C.: ERIC Publications.

학습놀이
10-1

사라진 알파벳 소리를 찾아라
What's Missing?

OBJECTIVES	학습자는 이미 학습한 알파벳 소리 중에서 없어진 것을 찾아낼 수 있다.
MATERIALS	PPT 슬라이드(복습하려는 알파벳 대문자 또는 소문자 6~8개 포함)

IN-CLASS PROCEDURE

STEP 1 음소 복습

교사가 PPT로 알파벳 순서대로 하나씩 보여주면 학생들이 [이.소.어.동] 찬트 Ver. 2(간단 버전)로 대답한다.

STEP 2 알파벳 숨기기

교사가 학생들에게 8개 알파벳 중에서 2개가 없어질 거라고 말한다. 교사는 3초를 센 후 6개 알파벳만 있는 슬라이드를 보여준다. 학생들은 바로 말하지 않고 3초간 머리 속으로 생각한다.

STEP 3 사라진 알파벳의 이름

학생들은 어떤 알파벳이 없어졌는지 우선 알파벳 이름으로 말한다.

STEP 4 사라진 알파벳의 소리

학생들은 사라진 알파벳의 소리를 [이.소.어.동] 찬트 Ver. 2(간단 버전)로 대답한다.

STEP 5 활동 반복 및 확장

다른 알파벳 세트로 STEP 1~4를 반복한다. 숨기는 알파벳 숫자를 3개, 4개로 늘리면 난이도를 올릴 수 있다.

SAMPLE LESSON

● <a~h> 알파벳 소리 총복습

T | STEP 1 | 음소 복습

How many letters do you see?

Ss Eight.

T Now, we're going to do the chant from /æ/-/ h/. But this time, skip '이름은~ 소리는~'. (동 작하면서) We only do /æ/-/æ/-apple, /æ/-/ æ/-apple with its action. Twice each. Are you ready? One, two, three, four!

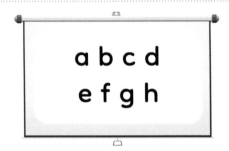

Ss (다같이 동작하면서) /æ/-/æ/-apple, /æ/-/æ/- apple; /b/-/b/-book, /b/-/b/-book; /k/-/k/- cat, /k/-/k/-cat [...] /h/-/h/-hat, /h/-/h/-hat.

T | STEP 2 | 알파벳 숨기기

Excellent! Now, two letters will be missing. You're going to find out what's missing. Three, two, one. Tada! Don't speak out now. Think for three seconds.

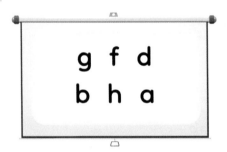

Ss (조용히 3초 동안 생각한다.)

T | STEP 3 | 사라진 알파벳의 이름

First, let's say the names of the two missing alphabets. What's missing?

Ss <c> and <e>.

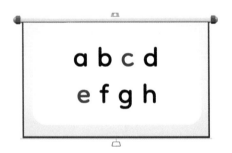

T | STEP 4 | 사라진 알파벳의 소리

(다음 슬라이드를 보여주면서) Great! Now, let's do the chant together.

Ss /k/-/k/-cat, /k/-/k/-cat. /e/-/e/-egg, /e/-/e/-egg.

T **STEP 5** 활동 반복 및 확장

Let's try again. Are you ready?

(2개가 사라지는 형태로 몇 번 반복한다.)

This time, let's make it just a little more challenging. Three letters will be missing.

Ss Wow!

T Can you make it?

Ss Yeah!

T Three, two, one!

(다음 슬라이드를 보여주면서)

Tada! What's missing? This time, think for five seconds.

(나머지는 단계는 똑같이 반복한다.)

박희양 멘토의 Tip

 [이.소.어.동] 찬트 Ver. 2는 '이름은~ 소리는~' 부분을 생략하므로 여러 개의 알파벳 소리를 한꺼번에 복습할 때 유용합니다.

 알파벳을 숨긴 슬라이드를 공개할 때 학생들에게 3초 시간을 주는 이유는 정보처리에 시간이 걸리는 학생을 배려하기 위함입니다. 그렇지 않으면 순발력이 좋은 학생들이 답을 먼저 말해 버려서 그 외 학생들의 활동 참여가 떨어질 수 있습니다.

OBJECTIVES	학습자는 알파벳 음소를 복습한 이후에 짝이 되는 대·소문자 카드를 찾을 수 있다.
MATERIALS	복습할 알파벳 8개의 대문자 카드 1세트, 소문자 카드 1세트, 자석 또는 접착 테이프

IN-CLASS PROCEDURE

PREP 알파벳 카드 제작
- 대문자와 소문자 카드의 색상은 달라야 한다.
- 카드를 뒤집어서 붙였을 때 글자가 보이지 않도록 카드 뒷면에 색지를 덧붙이거나 두꺼운 종이를 사용한다.
- 각 대소문자 세트별 카드의 뒷면에 랜덤으로 1~8 숫자를 표기하여 준비한다.

STEP 1 음소 복습
교사가 소문자 카드를 하나씩 보여주면 학생들이 [이.소.어.동] 찬트 Ver. 2(간단 버전)로 대답한다.

STEP 2 카드 붙이기
교사는 먼저 대문자 카드를 뒤집은 상태에서 무작위로 섞은 후 보드에 붙인다. 다음으로 소문자 카드도 동일한 방식으로 보드에 붙인다. 대문자는 대문자끼리, 소문자는 소문자끼리 모아 붙이도록 한다.

STEP 3 대문자 카드 선택
팀을 나눈다. 1번 팀의 첫 번째 학생이 대문자 세트에서 번호를 하나 선택해서 부른다. 교사가 그 카드를 뒤집으면 학급 전체는 해당 알파벳의 찬트를 한다.

STEP 4 소문자 카드 선택
1번 팀의 두 번째 학생이 소문자 세트에서 번호를 하나 선택해서 부른다. 교사가 그 카드를 뒤집으면 학급 전체는 해당 알파벳의 찬트를 한다.

STEP 5 대소문자 일치 확인

뒤집힌 대문자와 소문자 카드가 같은 알파벳인지 확인한다. 두 카드가 일치할 경우 해당 팀이 카드를 획득하고, 일치하지 않을 경우에는 교사가 두 카드를 다시 뒤집어 놓는다.

STEP 6 활동 반복

다른 팀과 번갈아 가며 같은 절차로 STEP 3~5을 반복한다.

SAMPLE LESSON

● <e~l> 알파벳 소리 총복습

T **STEP 1** 음소 복습

We're going to go over the eight alphabet sounds.
(e 카드를 보여주며) Let's do the chant.

Ss (동작하면서) /e/-/e/-egg, /e/-/e/-egg.

T (f 카드를 보여주면서) what about this?

Ss (동작하면서) /f/-/f/-fish, /f/-/f/-fish.

T (l까지 반복한 후 보드에 카드를 붙인다.)

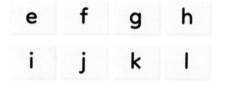

STEP 3 대문자 카드 선택

Team 1 goes first.
(첫 번째 학생 이름을 부르며) S1, choose one from the red cards. Call out a number.

S1 Two.

T (대문자 2번 카드를 뒤집으며)
Everyone, let's do the chant together.

Ss /k/-/k/-king, /k/-/k/-king.

T **STEP 4** 소문자 카드 선택

(같은 팀의 두 내용 학생을 부르며)
S2, choose one from these blue cards.

S2 Seven.

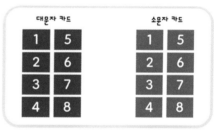

T (소문자 7번 카드를 뒤집으며) Everyone, let's do the chant together.

Ss /f/-/f/-fish, /f/-/f/-fish.

T **STEP 5** 대소문자 일치 확인

Match or no match?

Ss No match.

T (K, f 카드를 다시 뒤집으며) Now, Team 2 has a go.

박희양 멘토의 Tip

 본 활동은 교사의 역할이 특히 중요합니다. 학생들은 짝이 되는 대소문자 카드를 찾는 데만 집중하기 쉬우므로, 교사가 이 학습놀이의 목적이 기억력 확인이 아닌 파닉스 규칙 복습이라는 것을 상기시킬 필요가 있습니다.

 대소문자 카드를 뒤집은 후에 반드시 학생 전체가 찬트를 하도록 지도합니다. 만약 찬트를 제대로 수행하지 않으면 다음 카드를 뒤집지 못하는 규칙 등을 활동 전에 제시하면 도움이 됩니다.

 학생들이 짝이 되는 카드를 쉽게 못 찾을수록 활동의 재미가 더해지고 복습 또한 더 많이 하게 되어 유익합니다.

 학습놀이의 난이도를 높이기 위해서 대문자 카드와 소문자 카드를 분리하지 않고 하나의 색깔로 섞어서 배치하여 진행할 수 있습니다. 이런 방식으로 진행할 때에는 카드의 수가 너무 많으면 기억하기에 어려울 수 있으므로 복습하는 알파벳 개수를 4개부터 시작하여 늘려갑니다.

파닉스 가위바위보
Phonics Rock-Paper-Scissors

OBJECTIVES	복습할 알파벳 카드가 일렬로 나열된 상태에서 양 끝에 서 있는 각 팀의 학습자는 중앙에서 만나서 가위바위보를 하기 위해 음소를 빠르게 기억해서 정확하게 말할 수 있다.
MATERIALS	복습할 알파벳 12개가 적힌 카드, 자석 또는 접착 테이프

IN-CLASS PROCEDURE

STEP 1 알파벳 카드 제작

교사는 활동 시작 전 무작위로 섞은 알파벳 카드를 보드에 옆으로 나란히 붙인다. 또는 카드를 붙이는 대신 보드에 교사가 직접 알파벳을 쓸 수도 있다.

STEP 2 음소 복습

학생들이 [이.소.어.동] 찬트 Ver. 2(간단 버전)을 한 번씩 하며 알파벳 소리를 복습한다. 복습할 알파벳의 수가 많을 때는 찬트를 더 간소화하여 후반부를 한 번씩만 하면서 속도를 낼 수 있다.

예 /k/-/k/-king, /r/-/r/-rabbit, /ɪ/-/ɪ/-igloo.

STEP 3 활동 준비

팀을 나눈다. 각 팀의 첫 번째 학생이 카드 양 끝에 선다.

STEP 4 찬트하며 전진

교사의 '시작' 신호와 함께 양 끝에 있는 학생들이 각자 [이.소.어.동] 찬트 Ver. 2(간단버전)를 한 번씩만 하면서 중앙을 향해 서로 다가간다.

STEP 5 가위바위보

두 학생이 중앙에서 만나게 되면 가위바위보를 한다. 이긴 학생은 남아서 계속 전진하고, 진 학생의 팀에서는 두 번째 학생이 나와 시작 위치에서부터 찬트하며 전진을 시작한다.

STEP 6 활동 반복

본인이 시작한 위치의 반대편 끝 알파벳 카드에 먼저 다다른 학생이 나올 때까지 STEP 4~5를 반복한다.

SAMPLE LESSON

● 짧은 찬트 버전의 <k~q> 알파벳 소리 총복습

T STEP 2 음소 복습

We're going to go over all these alphabet sounds. How many sounds are there?

....

Ss Twelve.

....

T Right. We have many sounds. Do you remember all the words for each sound? What about /k/?

....

Ss King.

....

T Good! Let's say all the words first, from *king* to *queen*.

k r i g n j m p l h o q

Ss (각 학급에서 정한 대표어휘를 말하며) king, rabbit, igloo, [...] queen.

T So this time, we're going to do the chant only once, not twice. Like this.
(동작하면서) /k/-/k/-king, /r/-/r/-rabbit, /ɪ/-/ɪ/-igloo, and all the way to /kw/-/kw/-queen.
Are you ready? One, two, three, four.

   STEP 3 활동 준비

This is a team game. Let me show you first. I need one student to help me. Who wants to
volunteer?

....

S1 Me!

....

T S1? Okay, thanks. S1, please come out.
(k 카드 쪽을 가리키며) I stand here. (q 카드 쪽을 가리키며) S1 stands over there.
S1 and I are going to do the chant once and move forward. Class, will you say *start?*

....

Ss Start!

....

T STEP 4 찬트하며 전진

S1 (양끝에서 각자 동작과 함께 찬트를 한 번씩 하면서 중앙으로 이동한다.)

T STEP 5 가위바위보

We do Rock, Paper, Scissors when we meet in the middle. S1, let's do RPS.

(S1이 이긴 경우) S1 wins, and he goes on. Me? The next student in my team starts over. Now, who goes first from Teams 1 and 2 each?

Ss S2 and S3.

T S2 and S3, please come out. Don't forget to do the chant. If you don't chant properly, you cannot move on. Ready, set, go!

박희양 멘토의 Tip

 학생들이 빨리 중앙으로 가는 것에만 집중하여 찬트를 대충 하거나 건너뛰려고 할 수도 있습니다. 이때 교사는 학생들에게 이 학습놀이의 목표가 속도전이나 가위바위보에서 이기기가 아니라 파닉스 규칙 복습이라는 것을 상기시켜야 합니다. 찬트를 제대로 수행하지 않으면 전진하지 못하는 등의 규칙을 적용할 수도 있습니다.

파닉스 파리채 게임
Phonics Fly Swatters

OBJECTIVES	교사가 소리를 내지 않고 찬트 동작만 하면 각 팀의 학습자가 달려 나와서 해당 카드를 파리채로 치고 학급 전체가 음소를 복습할 수 있다.
MATERIALS	복습할 알파벳 10개의 카드, 자석 또는 접착 테이프, 파리채 2개

IN-CLASS PROCEDURE

STEP 1 카드 붙이기
학습놀이를 하기 전에 교사는 복습할 알파벳 카드를 알파벳 순서대로 보드에 붙인다. 또는 카드를 붙이는 대신 보드에 교사가 직접 쓸 수도 있다.

STEP 2 음소 복습
학생들이 [이.소.어.동] 찬트 Ver. 2(간단 버전)를 한 번씩만 하면서 알파벳 소리를 복습한다.

STEP 3 활동 준비
팀을 나눈다. 각 팀의 첫 번째 학생이 파리채를 들고 보드와 거리를 둔 채 출발선에 서서 준비를 한다.

STEP 4 음소 인식 확인
교사가 소리를 내지 않고 찬트 동작만 하면 학생들이 보드로 달려와서 해당 카드를 파리채로 친다.

STEP 5 찬트 복습
학급 전체가 해당 소리에 대한 찬트를 두 번씩 하면서 복습한다.

STEP 6 활동 반복
각 팀의 다음 학생들이 나오고 STEP 4~5를 반복한다. 찬트 동작으로 문제를 내는 역할을 학생이 맡을 수도 있다.

SAMPLE LESSON

● **<q~z> 누적 복습**

T **STEP 2** 음소 복습

We're going to go over all these alphabet sounds. How many sounds are there?

Ss Ten.

T Right. We have many sounds. Do you remember all the words for each sound? What about /kw/?

Ss Queen.

T Good! Let's say all the words first, from *queen* to *zipper*.

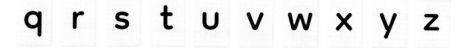

Ss (각 학급에서 정한 대표어휘를 말하며) queen, rabbit, sun, [...] zipper.

T So this time, we're going to do the chant only once, not twice. Like this. (동작하면서) /kw/-/kw/-queen, /r/-/r/-rabbit, /s/-/s/-sun, and all the way to /z/-/z/-zipper.

STEP 3 활동 준비

This is a team game. I will show the action. Only action without making a sound.
(바닥에 미리 표시한 출발선을 가리키며) You should stand behind this line and run to hit the card.
After that, we're going to do the chant altogether.
Who goes first from Teams 1 and 2 each?

Ss S1 and S2.

T **STEP 4** 음소 인식 확인

(파리채를 주며) S1 and S2, please stand behind the line. Are you ready?
(소리 없이 violin 찬트 동작을 한다.)

S1 (달려와서 v 카드를 친다.)

S2

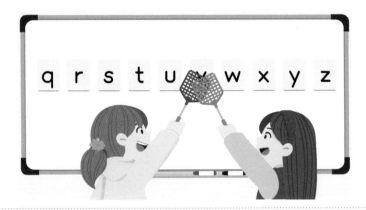

 STEP 5 찬트 복습

That's right. Everyone, let's to the chant twice together.

 (동작하면서) /v/-/v/-violin, /v/-/v/-violin.

박희양 멘토의 Tip

 학생들이 파리채로 빨리 카드를 치는 행위에만 집중하여 찬트에 제대로 참여하지 않을 수 있습니다. 이 학습놀이의 목표는 파닉스 규칙 복습이기 때문에 파리채로 치는 단계 다음에 반드시 학생들이 찬트를 수행하도록 격려합니다.

동시에 최대한 많은 학생들이 복습에 참여할 수 도록 파리채를 들고 있는 학생들뿐만 아니라 학급 전체가 다 같이 찬트를 하도록 독려합니다.

활동 초반에는 교사가 찬트 동작으로 문제를 제시하다가, 학생들이 활동에 익숙해지면 파리채로 친 학생이 그 다음 문제를 내도록 하면서 학생들의 참여를 높일 수 있습니다.

파닉스 빙고
Phonics Bingo

OBJECTIVES	주머니에 든 알파벳 26개 소형 카드를 학습자가 무작위로 꺼내면서 빙고 게임을 하며 전체 음소를 복습할 수 있다.
MATERIALS	알파벳 차트, 알파벳 26개 소형 카드, 주머니 1개, 4x4 빙고판 활동지

IN-CLASS PROCEDURE

STEP 1 음소 전체 복습

알파벳 26개 전체 음소를 복습할 수 있도록 알파벳 포스터나 차트를 보드에 게시한다. 이때 학생들은 음소만 말한다.

예 /æ/-/b/-/k/-/d/-/e/-/f/- [...] - /v/-/w/-/ks/-/j/-/z/

STEP 2 빙고판 배부

학생 1명이 빙고판이 그려진 활동지를 학생들에게 나눠준다. 그동안 교사는 알파벳 26개 소형 카드를 주머니에 넣어서 섞는다.

STEP 3 빙고판 채우기

다른 학생 1명이 주머니에서 알파벳 카드를 꺼내고 해당 [이.소.어.동] 찬트를 Ver. 2(간단 버전)로 한 번만 큰 소리로 한다. 학급 전체가 그 알파벳을 대소문자에 상관없이 빙고판에 쓴다.

STEP 4 반복

한번 사용한 알파벳 카드는 따로 빼 둔다. 16칸의 빙고판이 다 채워질 때까지 STEP 3 작업을 반복한다.

STEP 5 빙고 준비

주머니에 선택된 16개 카드만 다시 넣은 뒤 카드를 섞는다. 몇 줄을 완성해야 최종 빙고가 완성되는지 결정한다.

STEP 6 빙고 시작

다른 학생 1명이 주머니에서 알파벳 카드를 꺼내고 해당 [이.소.어.동] 찬트를 Ver. 2로 한 번만 큰 소리로 한다. 학급 전체는 해당 알파벳 칸을 표시하며 빙고 게임을 시작한다.

빙고를 완성한 학생이 나올 때까지 STEP 6를 반복한다.

SAMPLE LESSON

T STEP 3 빙고판 채우기

S1, draw a card from this bag.

S1 (m 카드를 꺼내며) /m/-/m/-monkey.

T Good. Everyone, write this letter once in any of your bingo grid.

Ss 대문자로 써요, 소문자로 써요?

T Either is fine. As you like.

Ss (차례차례 불리는 알파벳 소리를 듣고 빙고판을 채운다.)

T STEP 5 빙고 준비

How many bingos do you want?

Ss Three bingos!

T Okay, three bingos. Who wants to go first? S2?

S2 STEP 6 빙고 시작

(s 카드를 꺼내며) /s/-/s/-sun.

T Everyone, circle or color this letter. Who goes next? S3?

자동화
Automaticity

　단어 해독력을 키우기 위해서 학습자는 알파벳 26개의 철자-소리 대응관계를 내면화하고 자동화하는 것이 필요하다고 강조했습니다. 이를 위해 교사는 학습자가 직전에 배운 내용을 복습하는 데 그치지 않고 한참 전에 배운 내용까지 포함하는 누적 복습을 지속해야 합니다. 본 책에서 제시한 학습놀이 이외에도 교사는 다양한 학습놀이에 파닉스적인 요소를 적용하여 최소 10회의 반복 학습을 계획하고 실행해야 합니다.

　학습자가 파닉스 규칙을 재미있게 배우고 기억하도록 돕기 위해 [Chapter 8. 철자-소리 대응관계]에서 소개한 [이.소.어.동] 찬트는 누적 복습을 위해서 다양한 버전으로 활용될 수 있습니다. 많은 숫자의 파닉스 규칙을 한꺼번에 복습할 때는 속도감 있게 진행하기 위해서 '이름은~ 소리는~' 부분을 빼고 바로 동작으로 들어가면서 두 번씩 진행하는 간단 버전(Ver. 2)을 활용합니다. 학습자가 해당 파닉스 규칙에 대한 습득이 어느 정도 되었다고 판단이 되면, 교사는 간단 버전을 한 번씩만 하면서 학습놀이의 박진감을 더할 수도 있습니다.

　궁극적으로는 학습자가 알파벳 글자를 보면서 곧바로 소리만 말할 수 있는 수준이 되어야 합니다. 처음에 교사는 알파벳 순서로 시도하지만, 점차 난이도를 높여서 알파벳을 섞거나 대소문자를 혼용해서 제시해도 학습자는 자신 있게 소리를 기억하고 발화할 수 있어야 합니다. 이것이 누적 복습의 최종적인 목표입니다.

　누적 복습을 통해서 학습자는 영어 단어를 보는 순간 망설임 없이 각 철자에 해당하는 소리를 말할 수 있는 자동화에 도달했습니다. 이제 학습자는 다음 단계인 [Chapter 11. 소리조합, 블렌딩]으로 넘어갈 준비가 되었습니다. 학습자가 개별소리에 대한 지식이 확실하다 해도 각 소리를 조합하는 블렌딩 원리를 터득하지 못하면 파닉스 수업을 받는 의미가 없습니다. 파닉스 기초 단계의 백미이자 최종 목표인 블렌딩을 통한 두세 글자 해독을 통해서 학습자는 '내가 영어 단어를 스스로 정확하게 읽었어!'라는 성취감을 느낄 수 있습니다.

알아볼까요

블렌딩과 문자해독, 파닉스 교육의 1차 목표

[Part 2. 파닉스 수업 멘토링]의 Intro에서 언급했던 것과 같이, 영어/영문자와 한국어/한글은 공통점과 차이점을 지니고 있습니다. 영문자와 한글은 자음자와 모음자로 구성되어 있고, 이 자음자와 모음자를 조합하였 때 비로소 어떠한 의미 전달이 가능해지는 문자언어라는 공통점이 있습니다. 반면 음성언어 측면에서 보았을 때, 영어와 한국어의 자음 또는 모음을 자세하게 들여다보면 유사하게 들리는 소리도 있지만 그 체계가 완벽하게 일치하지 않는다는 것을 알 수 있습니다.

교사는 이러한 두 언어의 공통점과 차이점을 분명하게 인지하면서 우리나라 학습자의 특성에 맞는 적절한 교수법으로 영어 파닉스를 지도해야 합니다. 예를 들어 영어 개별음소를 조합하여 소리 내어 읽는 단계인 블렌딩^{blending}을 알려줄 때, 한글 문자해독을 완료한 우리나라 학습자가 한글 자모조합의 원리를 영어 블렌딩에 적용하도록 유도할 수 있겠지요. 이처럼 모국어의 긍정적인 전이를 활용하여 효과적으로 영어 블렌딩을 지도할 수 있습니다.

그러나 영어 음소에 한국어 음소를 일대일로 대응하여 지도하는 것은 음운체계가 다른 두 언어의 음성적인 특성을 무시하는 결과를 낳으므로 권장하지 않습니다. 영어 블렌딩을 지도할 때 영어 특유의 강세, 억양, 리듬을 아우르는 초분절음적인 발음이 손상되지 않도록 주의를 기울여야 합니다.

 's=스, t=트, rike=라이크니까…' **티쳐! 스.트.라.이.크?**

 Oh, *strike* is a one-syllable word. It has 6 letters, but you say it as short as the word *cat*.

 학생이 *strike*를 5음절로 읽었네요. *Cat, dog, sun*과 같이 모음이 하나인 다른 1음절 단어와 *strike*를 읽는 길이가 비슷해야 해요. 영어는 리듬이 중요한 언어랍니다.

● **블렌딩 지도 방법**

교사는 학습자에게 음소를 조합하여 자연스럽게 읽는 법을 지도할 때 다양한 교수법을 활용해야 합니다. 학습자는 각기 선호하는 학습법과 전략이 다양하고, 본인에게 가장 잘 맞는 방식을 선택하여 블렌딩 원리를 터득하기 때문입니다[1].

먼저, 학습자가 블렌딩을 처음 시도하는 단계라면 세 글자보다는 두 글자의 조합부터 체계적으로 접근합니다. 이때 교사는 ① 모음-자음(VC)[2], ② 자음-모음(CV) 두 가지 구조를 모두 제시합니다. 예를 들어 처음에는 〈ab〉, 〈ek〉, 〈if〉, 〈op〉, 〈ut〉처럼 VC 블렌딩으로 두 글자를 해독하는 원리를 명시적으로 지도합니다. 유튜브에 [VC blending]으로 검색하면 유용한 영상을 많이 찾을 수 있습니다. 학습자가 VC 구조의 두 글자를 읽는 데 충분히 익숙해지면 그 다음에는 CV 블렌딩을 통하여 〈ca〉, 〈le〉, 〈fi〉, 〈jo〉, 〈mu〉와 같은 두 글자도 해독할 수 있도록 지도합니다.

....

1 김민성, 김정렬. (2016). 초등학생의 영어 단음절 구조의 지각 양상에 관한 실험 연구. *학습자중심교과교육연구, 16*(8), 683-698.

2 영어로 모음은 vowel, 자음은 consonant인데 착안하여, 모음-자음 구조를 흔히 VC로 간단히 표기한다.

학습자가 VC, CV의 두 가지 구조를 모두 활용한 두 글자 블렌딩에 능숙해졌다면 그 다음으로 자음-모음-자음의 배열로 이루어진 세 글자 블렌딩으로 넘어갑니다. 두 글자 블렌딩에서와 마찬가지로 세 글자에서도 ① 두음-각운(C-VC), ② 음절체-말음(CV-C), ③ 음소(C-V-C) 조합의 세 가지 구조를 모두 제시합니다. 예를 들어 cat이라는 단어를 조합할 때 ① 〈c-at〉, ② 〈ca-t〉, ③ 〈c-a-t〉의 세 가지 방법으로 블렌딩을 할 수 있다는 점을 교사는 학습자에게 명시적으로 소개하고 지도할 수 있습니다. 그러면 학습자는 세 가지 블렌딩 방법 중에서 본인에게 제일 잘 맞는 방법을 선택하거나 단어에 따라서 더 편한 방법을 유연하게 활용할 수 있습니다.

자음-모음-자음 조합 3가지 방식

마지막으로, 본격적인 영어 블렌딩 지도에 앞서 학습자가 영어 자음과 모음의 개념을 알고 있는지 확인할 필요가 있습니다. 따라서 교사는 아래의 네 가지 조건을 점검하여 학습자가 블렌딩 활동에 참여할 준비가 되었는지 확인합니다.

Check! Check!

✓ 학습자가 철자-소리 대응관계를 확실하게 학습했나요?

 [이.소.어.동] 찬트 덕분에 파닉스를 재미있게 배웠어.

철자와 소리를 정확하게 연결 못하는 학생이 있다면
→ [Chapter 8. 철자-소리 대응관계] 전략과 학습놀이 적용

✓ 학습자가 각 영어 소리의 정확한 발음법을 알고 있나요?

 영어 발음 /æ/와 /e/, /f/와 /p/가 어떻게 다른지 확실히 알겠어.

아직 영어 발음 연습이 필요한 학생이 있다면

→ [Chapter 9. 발음 지도] 전략과 지도 방법 적용

✓ 학습자가 26개 알파벳 소리를 모두 기억하고, 알파벳 글자를 보자마자 즉각적으로 소리를 발화할 수 있나요?

 영어 스펠링을 보면 각 철자가 어떤 소리를 내는지 바로 기억이 나!

파닉스 규칙 자동화에 이르지 못한 학생이 있다면

→ [Chapter 10. 누적 복습] 전략과 학습놀이 적용

✓ 학습자가 영어 자음과 모음의 개념을 알고 있나요?

 Sun, pot, bag 단어들은 모두 [자음-모음-자음]으로 되어 있네.

자음과 모음을 구분이 어려운 학생이 있다면

→ [학습놀이 11-1. 자음일까요? 모음일까요?] 적용

자, 학습자가 블렌딩 수업에 참여할 준비가 다 된 것 같군요. 그렇다면 블렌딩 지도에 돌입하였을 때 교사가 마주하게 되는 어려움은 어떤 것이 있을지, 그리고 단순히 낱개 소리를 붙여 반복적으로 읽는 연습을 벗어나 적용해볼 수 있는 다양한 학습놀이는 또 무엇이 있을지 함께 더 들여다볼까요?

알려주세요

Q 개별소리는 다 아는데 왜 단어를 못 읽을까요?

 (cat, hat, mat 단어를 가리키며) 여러분은 알파벳 소리들을 다 배웠으니까 바로 〈at〉 단어를 읽어볼게요.

Cat, hat, mat.

 아주 잘했어요! (bat, fat, rat, pat, sat, vat, zat 단어를 가리키며) 이 단어들은 여러분들에게 좀 낯설 수도 있어요. 하지만 파닉스를 했으니까 읽을 수 있어요. 자신감을 가지고 읽어봐요.

(웅얼거리거나 읽지 못함)

 이 단어들도 모두 〈at〉로 끝나잖아요. 아까 cat, hat, mat 읽을 때와 똑같아요.

(자신없는 표정으로) 어... 잘 모르겠는데...

알파벳 소리는 거의 다 알겠는데 단어로 읽으려니 잘 안돼요. cat, hat, mat은 많이 봐서 그냥 읽은 거에요.

소리를 다 아는데 왜 간단한 단어를 못 읽는 걸까요? 또 어떤 학생들은 cat, hat, mat은 읽는데 단어가 조금만 생소하면 못 읽어요.

영어 블렌딩 원리는 스스로 깨닫기 어려울 수 있습니다.

개별소리가 조합되는 블렌딩 원리를 교사가 명시적으로 지도하지 않았다면, 알파벳 소리 인지능력이 뛰어난 학습자라 하더라도 두세 글자 단어를 곧바로 읽어내기란 쉽지 않은 일입니다. 우리나라 학습자라면 모두 한글을 읽으면서 자모 조합을 경험한 적이 있지만, 그 원리를 바로 영어에 적용하는 능력에 있어서는 개인차가 큽니다.

블렌딩 원리를 터득하지 못한 학습자는 자주 접한 단어는 해독하는 듯 하다가도 낯선 단어가 나오면 해독하지 못합니다. 예를 들어 학습자가 수입이나 생활 속에서 본 적 있는 bed, bus와 같은 단어는 바로 읽을 수 있지만 ted, pus처럼 생소한 단어는 읽지 못하는 경우입니다. 이와 같은 상황은 친숙한 단어를 보고 파닉스 규칙을 적용하여 실제로 해독하였다고 보기보다, 그 단어가 발음되는 소리를 외운 대로 말하기만 한 것으로 이해할 수 있습니다. 필요하다면 이러한 학습자에게 한글 자모 조합원리로 먼저 블렌딩 과정을 먼저 설명하고 연습한 이후에 영어에 그 원리만을 적용하는 활동도 다같이 해볼 수 있습니다.

$$ㅂ + ㅏ + ㄹ = 발 \qquad c + a + t = cat$$
$$ㄱ + ㅗ + ㅁ = 곰 \qquad b + u + s = bus$$

기본적인 소리조합 원리를 학습자가 터득했다면, 블렌딩 연습에 학습자가 잘 모르는 생소한 단어unfamiliar words와 무의미 단어nonsense words를 점차 포함하여 진행합니다. 파닉스 수업에서 생소한 단어라는 것은 영어에 존재하지만 학습자가 아직 배우지 않은 단어to-be-learned words(예: rex, kit, sum)를 가리키고, 무의미 단어는 얼핏 영어에 존재하는 단어처럼 보이지만 어떠한 의미도 갖지 않는 비단어nonwords(예. fex, kib, vut)를 의미합니다. 이는 단어의 친숙도가 블렌딩 과정에 중요한 요소로 개입되는 것을 막고, 자음과 모음이 조합되는 원리 자체를 습득하는데 집중하도록 도와줍니다. 따라서 교사는 영어 두세 글자 블렌딩 연습에 학습자에게 익숙한 단어 뿐만 아니라 낯선 단어들도 적절히 포함하여 연습 과정이 유의미한 학습 결과로 이어질 수 있도록 세심하게 지도해야 합니다.

Q 자음소리에 한국어 모음 'ㅡ'를 붙여서 발음하는 학생은 어떻게 교정해주죠?

A 한글 조합 원리를 활용하는 한편, 원어민이 읽는 것을 따라하게 하세요.

한글 조합을 먼저 시도하고 그 원리를 영어에 적용합니다. 예를 들어 〈ㅅ〉+〈ㅏ〉를 제시하고 읽어보라고 하면 한글 문자해독이 끝난 학습자는 '스~아'라고 하지 않고 '사'라고 바르게 읽습니다. 같은 방식으로 영어도 조합하면 된다고 알려줍니다.

$$\text{ㅅ} + \text{ㅏ} = \text{사} \qquad \text{t} + \text{a} = \text{ta}$$

학습자가 영어 블렌딩을 계속 시도하고 원어민 읽기 영상을 보면서 연습을 이어가다 보면, 자음 음소에 불필요한 모음을 첨가하는 오류는 자연스럽게 개선됩니다. 따라서 학습자가 블렌딩의 원리를 바로 습득하지 못하더라도 교사는 시간을 두고 지켜볼 필요가 있으며, 학습자가 어느 순간 제대로 소리를 조합을 했을 때 바른 소리에 대한 칭찬과 노력을 인정해주는 말 또한 제공합니다.

수차례 그리고 오랜 시간 블렌딩 연습을 진행했음에도 불구하고 여전히 그 원리를 이해를 못하는 학습자가 있다면 최후의 방법, 즉 한글과의 대응을 사용하여 알려줄 수밖에 없습니다. 즉 〈ta〉 옆에 한글로 '트애'를 쓴 이후에 모음 'ㅡ'를 없애라고 알려 줍니다. 다만, [Chapter 9. 발음 지도]에서도 강조했듯이 교사는 발음 지도에 있어 한글의 일대일 사용은 극히 제한적이고 전략적이어야 한다는 점을 잊지 말아야 합니다.

따라서 교사는 한글을 최후의 교수법으로 신중하게 사용해야 하며, 학습자가 영어 단어 아래에 한글을 병기하려고 할 때 그러한 습관이 형성되지 않도록 지도합니다. 한글을 써 놓은 학습자가 있다면 지우도록 함으로써, 한글은 영어 블렌딩 원리를 이해하도록 돕는 도구일 뿐 결국 영어 특유의 음운 체계와 분절 및 조합의 원리로 해독해야 함을 강조합니다.

Q 두 글자 조합 연습 때는 괜찮았는데, 유독 CVC의 끝소리 자음에 한국어 모음 '—'를 과하게 붙이는 학생이 있어요. 어떻게 지도하면 좋을까요?

A 한국어의 경우 무성파열음[3] 이 종성에 위치할 때 중화되어 나타나기 때문입니다.

예를 들어 cat이라는 단어를 해독할 때, 기존에 한국어 조음 체계대로 영어 발음을 하는 습관이 있는 학습자는 /kæ트/와 같이 마지막 자음 /t/를 파열시키지 않고 모음 '—' 소리를 넣어서 말하게 됩니다. 이런 형태의 오류를 교정하기 위해서 교사는 우선 학습자에게 '끝소리를 짧게 처리하라'고 명시적으로 설명하면서 직접 예를 시연합니다. 동시에 위에서 언급한대로 학습자가 원어민 발음을 많이 듣고 따라하는 연습 기회를 많이 제공하면 좋습니다. 이 또한 학습자의 단어읽기 연습이 쌓이면서 조금씩 개선될 수 있습니다.

Q 알파벳 〈b〉와 〈d〉를 헷갈려서 이 글자만 포함된 단어만 나오면 블렌딩을 힘들어 해요. 어떻게 지도해야 하나요?

A 본 책 [Chapter 4]를 참고하세요.

블렌딩 원리를 터득했음에도 불구하고 〈b〉나 〈d〉가 포함된 단어를 잘못 해독하는 경우가 생각보다 많습니다. 이러한 거울 문자 혼동은 영어 원어민 학습자 사

---

3 영어로 voiceless stop이라고 한다. /p/, /t/, /k/와 같이 발음 기관의 어느 한 부분을 막고 숨을 그친 다음 이를 터뜨리면서 내는 소리를 말한다.

이에서도 빈번하게 일어납니다. 흥미로운 점은 같은 거울 문자인 <p>-<q>의 구분은 대부분 크게 힘들어 하지 않습니다. 이는 <q>로 시작하는 고빈도 어휘가 많지 않기도 하고, 영어에서 <q>는 단독으로 쓰이기 보다 대부분 <qu>로 제시되기 때문인 것으로 추측합니다.

<b>-<d> 혼동은 생각보다 오래 지속될 수 있으니 인내심을 가지고 노출, 반복, 연습을 지속해야 합니다[4]. 이러한 인지적 오류는 연습을 하지 않으면 시간이 지난다고 저절로 좋아지지 않기 때문입니다. Chapter 4의 [알고 있나요: 학생들이 보이는 알파벳 오류 유형]을 참고하여 <b>-<d> 구분에 대한 팁을 주면서 학생들이 의식적인 노력을 할 수 있도록 격려해주시기 바랍니다.

---

4 이윤. (2010). 초등영어 교과서의 단어 해독가능도. *외국어교육연구, 24*(1), 73-98.

자음일까요? 모음일까요?
Consonants & Vowels

OBJECTIVES	학습자는 알파벳 26개 중에서 자음과 모음을 구별할 수 있다.
MATERIALS	한글 자모 PPT 슬라이드 (또는 포스터), 영어 알파벳 포스터, 화이트보드

IN-CLASS PROCEDURE

STEP 1 한글 자모 제시

교사가 한글 자모 PPT 슬라이드를 보여준다. 이 단계에서 '자음'과 '모음'이라는 용어를 사용하지 않도록 주의한다.

STEP 2 자모 개념 설명

교사는 한글을 활용하여 학생들에게 자음, 모음의 개념을 알고 있는지 확인하고, 그 이후에 설명한다.

STEP 3 영어 모음 확인

교사는 영어 알파벳 포스터를 보여주면서 그 중 모음이 다섯 개 있다고 말한다. 학생들이 다섯 개의 모음을 찾아보도록 유도한다.

STEP 4 모음 소리 연습

교사는 학생들이 알파벳 이름이 아닌 알파벳 소리로 모음을 지칭할 수 있도록 지도한다.

STEP 5 영어 자음 확인

교사는 다시 영어 알파벳 포스터를 보여주면서 다섯 모음을 제외하고는 자음이라고 설명한다.

STEP 6 영어 자모 구분

교사가 보드에 간단한 두 글자 VC 단어와 세 글자 CVC 단어를 쓰고, 학생들에게 자음, 모음을 구별해 보라고 한다.

예 VC 단어로 up, CVC 단어로 cat 사용 가능

SAMPLE LESSON

T **STEP 2** 자모 개념 설명

(한글 슬라이드를 보여준 후)

We just saw the Korean alphabet chart. But did you know that they are divided into two groups? On the left side, do you see what these letters are called?

Ss 자음이요.

T That's right. What about this? The group on the right side?

Ss 모음이요.

T Great. 모음은 입술이나 혀, 목구멍을 쓰지 않고 입만 벌려서 만드는 소리예요. 한번 입을 벌리고 소리를 내 보세요. (학생들이 입이 벌어진 모양에 따라 다양한 모음 소리를 낸다.)

T **STEP 3** 영어 모음 확인

Look here. How many letters are there in the English alphabet?

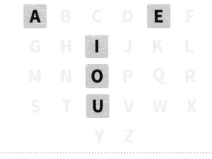

Ss 26 letters!

T Correct. Just like 한글, the English alphabet has 모음 too. 모음 is called vowels in English. Do you know how many vowels there are in English?

Ss Five?

T Oh, yes! There are five vowels in the English alphabet. Can you find them? Say their names first.

Ss <a, e, i, o, u>.

T **STEP 4** 모음 소리 연습

Now let's make their sounds.

Ss /æ, e, ɪ, ɑːˈ, ʌ/.

T **STEP 5** 영어 자음 확인

Excellent. And the other 21 letters are 자음. 자음 is called consonants in English.

💡 알파벳 자모 개념을 처음 접한 학생들에게는 모음이 무엇인지 먼저 정의한 후에 나머지는 자음이라고 정리하는 것이 효과적입니다. 학생들의 이해를 위해서 모음은 '입술이나 혀, 목구멍 등을 쓰지 않고 입만 벌린 상태에서 만드는 소리'라고 간단히 설명합니다.

💡 학생들이 영어 모음 다섯 개를 처음에는 알파벳 이름으로 말할 가능성이 큽니다. 이 때문에 알파벳 소리 /æ, e, ɪ, ɑː, ʌ/를 말하도록 유도하고 연습하는 **STEP 4** 가 매우 중요합니다. 두세 글자 블렌딩에서 중요한 것은 이름이 아니라 소리이기 때문입니다.

💡 자음과 모음의 영어표현(consonants, vowels)은 학급에 따라서 교사가 판단하여 제시 여부를 결정해도 좋습니다.

💡 영어 자모 개념을 명시적으로 제시한 이후에 YouTube에서 'vowel song', 'consonant song' 등으로 검색한 관련 영상을 함께 시청함으로써 학습자의 이해를 강화할 수 있습니다.

학습놀이 11-2

두 글자 블렌딩
Two-Letter Blending

OBJECTIVES 학습자는 교사의 시연을 통해서 두 글자 블렌딩 원리를 이해할 수 있다.

MATERIALS 모음 <a> 카드와 다양한 자음 카드[5], 자석 또는 접착테이프

IN-CLASS PROCEDURE

STEP 1 모음 <a> 소리

교사는 모음 카드가 학생 입장에서 왼편에 보이도록 오른손에 잡는다. 교사가 오른손의 <a> 카드를 들면 학생들이 /æ/라고 말한다. 교사는 학생들의 입모양을 체크한다.

STEP 2 자음 <t> 소리

교사는 왼손에 자음 카드를 잡는다. 교사가 오른손은 내린 상태로 왼손의 <t> 카드를 들면 학생들이 /t/라고 말한다.

STEP 3 반복

STEP 1~2를 세 번씩 반복한다.

STEP 4 VC 블렌딩

① 두 소리를 모을 것이라고 말하면서 교사는 두 카드를 천천히 중앙으로 모은다. 학생들이 두 소리를 조합해서 /æt/라고 말한다.

② 교사는 두 카드를 중앙으로 모으는 속도를 점점 더 빨리하며 앞 과정을 두 번 더 반복한다. 카드의 이동 속도에 맞추어 블렌딩 소리도 점차 빨라지도록 안내한다.

STEP 5 활동 확장

교사는 <a> 카드를 보드에 붙이고 다른 자음카드를 하나씩 <a> 오른쪽 옆에 놓는다. 학생들은 앞에서 익힌 블렌딩 원리를 활용하여 다양한 VC 단어들을 읽는다.

---

5   모음 카드와 자음 카드를 다른 색깔로 구분하여 학생들에게 모음/자음의 차이를 시각적으로 제시한다.

SAMPLE LESSON

T `STEP 1` 모음 <a> 소리

(<a> 카드를 오른손에 들고) What's this sound?

Ss /æ/.

T `STEP 2` 자음 <t> 소리

(<t> 카드를 왼손에 들고) What about this?

Ss /t/.

T `STEP 4` VC 블렌딩

Very good. Let's put these sounds together.
Slowly, first.
(양쪽 카드를 중앙으로 천천히 모은다.)

Ss /æ/~~/t/.

T (더 빨리 모으면서) Faster!

Ss /æt/.

T `STEP 5` 활동 확장

Now we're going to read more <a> words.
(m 카드를 보여주면서) What's this sound?

Ss /m/.

T (m 카드를 붙이면서) Can you read this?

Ss /æm/.

T Excellent!
(다른 자음으로 반복한다.)

박희양 멘토의 Tip

 모음 <a>를 기준으로 두 글자 단어를 만들 때 모든 자음을 쓸 수 있는 것은 아닙니다. 교사는 다음과 같이 VC로 조합했을 때 해독이 가능하고 적절한 자음으로만 준비하고, 다음과 같은 조합은 피해야 합니다.

- <ah>, <aj>, <aq>, <ar>, <aw>, <ay>처럼 발음하기 어색하거나 기본 음소들이 조합된 것과 다른 소리를 만드는 자음들은 본 활동에서 제외합니다.
- <as>는 교육상 부적절한 단어('ass')로 발음되기 때문에 <a> 조합으로 사용하지 않습니다.

 오른손에 자음 카드, 왼손에 모음 카드를 들면 똑같은 방식으로 자음-모음(CV) 조합을 시연할 수 있습니다. 이 경우에도 STEP 5 에서 교사는 CV로 조합했을 때 어색한 자음은 제외하여 진행하여야 합니다.

 VC 또는 CV 블렌딩 원리를 명시적으로 시연한 이후에 YouTube에서 'VC blending', 'CV blending' 등으로 검색한 관련 영상을 함께 시청함으로써 학습자의 이해를 강화할 수 있습니다.

세 글자 블렌딩
Onset-Rime Blending

OBJECTIVES	학습자는 교사의 두음-각운(C-VC) 조합 시연을 통해서 세 글자 소리조합 원리를 이해할 수 있다.
MATERIALS	<at>이 적힌 카드, 다양한 자음 카드, 자석 또는 접착테이프

IN-CLASS PROCEDURE

STEP 1 두음 <c> 소리

교사가 오른손에 <c> 카드를 들면 학생들이 /k/라고 말한다.

STEP 2 각운 <at> 소리

교사가 왼손에 <at> 카드를 들면 학생들이 /æt/라고 말한다.

STEP 3 반복

STEP 1~2를 세 번씩 반복한다.

STEP 4 두음-각운 블렌딩

① 소리를 모을 것이라고 말하면서 교사는 두 카드를 천천히 중앙으로 모은다. 학생들이 두음과 각운의 소리를 조합해서 /kæt/라고 말한다.
② 교사는 두 카드를 모으는 속도를 점점 올려 앞 과정을 두 번 더 반복한다. 카드의 이동 속도에 맞추어 블렌딩 소리도 점차 빨라지도록 안내한다.

STEP 5 활동 확장

교사는 <at> 카드를 보드에 붙이고 다른 자음카드를 하나씩 <at> 왼쪽 옆에 놓는다. 학생들은 앞에서 익힌 블렌딩 원리를 활용하여 다양한 세 글자 단어들을 읽는다.

SAMPLE LESSON

T STEP 1 두음 <c> 소리

(<c> 카드를 오른손에 들고) What's this sound?

Ss /k/.

T (<at> 카드를 왼손에 들고) What about this?

Ss /æt/.

T Very good. Let's put these together. Do it
slowly, first.
(양쪽 카드를 중앙으로 천천히 모은다.)

Ss /k/~~/æt/.

T (더 빨리 모으면서) Faster!

Ss /k/~/æt/.

T (훨씬 더 빨리 모으면서) Faster!

Ss /kæt/.

응용 C-V-C 음소 조합

세 글자 읽기를 [음소 조합]으로 소개할 때에는 팔을 쓸어주는 동작을 취할 수 있다. /k/-/æ/-/t/ 개별 음소를 낼 때 오른손으로 ① 왼쪽 어깨, ② 왼쪽 팔꿈치 안쪽, ③ 왼쪽 손바닥을 각각 짚어준 다음 가볍게 왼팔을 위에서 아래로 쓸어 내리며 /kæt/ 라고 말한다.

T We're going to put three individual words together. What are these sounds?

Ss /k/, /æ/, /t/.

T Let me show you first. Reach out your left arm. Tap your left shoulder with your right hand and say /k/. Then tap your left elbow and say /æ/. Next tap your left hand and say /t/. Now slide down and say /kæt/. Shall we practice together?

Ss (선생님과 같이 팔을 쓸어내리는 동작을 하면서) /k/, /æ/, /t/, /kæt/.

T Good job. Now, let me change the first sound into this. (첫소리를 m 카드로 바꾸고) Let's tap and read.

Ss (선생님과 같이 팔을 쓸어내리는 동작을 하면서) /m/, /æ/, /t/, /mæt/.

T Great. Now, let me change the last sound into this. (끝소리를 d 카드로 바꾸고) Let's tap and read.

Ss (선생님과 같이 팔을 쓸어내리는 동작을 하면서) /m/, /æ/, /d/, /mæd/.

T Lastly, let me change the vowel sound into this. (끝소리를 u 카드로 바꾸고) Let's tap and read.

Ss (선생님과 같이 팔을 쓸어내리는 동작을 하면서) /m/, /ʌ/, /d/, /mʌd/.

박희양 멘토의 Tip

 각운 <at>를 기준으로 두음 자리에 다양한 자음을 적용할 때 모든 자음을 쓸 수 있는 것은 아닙니다. 교사는 다음과 같이 CVC로 조합했을 때 해독이 가능하고 적절한 자음으로만 준비하도록 합니다.

　- jat, wat, yat처럼 이제 막 블렌딩 원리를 이해하기 시작한 학생들 발음하기에 어렵거나 qat, xat처럼 조합 자체를 어색하게 만드는 자음들은 본 활동에서 제외합니다.

오른손에 음절체 카드, 왼손에 말음 카드를 들고 동일한 방식으로 [음절체-말음] 조합을 시연할 수 있습니다.

CVC 블렌딩 원리를 명시적으로 시연한 이후에 YouTube에서 'CVC blending'으로 검색한 관련 영상을 함께 시청함으로써 학습자의 이해를 강화할 수 있습니다.

즐겁게 춤을 추다가
Stop the Music

OBJECTIVES	학습자가 두 명씩 만나서 만들어지는 두 글자 조합을 읽을 수 있다.
MATERIALS	연습하고자 하는 모음 카드 10장, 다양한 자음 카드 10장[6], 신나는 음악

IN-CLASS PROCEDURE

STEP 1 카드 배부
학생들은 각자 모음 또는 자음 카드를 한 장씩 받는다. 모음과 자음은 카드 색깔로 서로 구별된다.

STEP 2 음소 확인
교사가 각자 가진 알파벳 소리가 무엇인지 물으면 학생들이 크게 말한다.

STEP 3 활동 시작
학생들이 모두 자리에서 일어난다. 교사가 음악을 틀어주면 자유롭게 교실을 돌아다닌다.

STEP 4 두 글자 조합
교사가 중간에 음악을 멈춘다. 학생들은 옆에 있는 친구와 함께 [자음-모음] 또는 [모음-자음] 두 글자를 만든다.

STEP 5 해독 확인
교사가 돌아다니면 학생들이 자기들이 조합한 두 글자를 큰 소리로 읽는다.

STEP 6 조합 반복
짝을 만나 두 글자를 읽은 후에 카드를 서로 바꾸면서 놀이를 반복한다.

---

6 학급 인원에 따라 카드 개수는 다르게 설정할 수 있다. 본 기본 활동은 학생수를 20명으로 가정하여 카드의 총합을 20장으로 정하였다.

SAMPLE LESSON

T STEP 1 카드 배부

Do you have a card each?

Ss Yes.

T STEP 2 음소 확인

What's your sound?

Ss (각자 자신의 알파벳 소리를 말한다.)

T If you have yellow cards, put your hands up. What kind of letters do you have?

Ss 모음이요.

T Yes. Blue cards, hands up. What kind of letters do you have?

Ss 자음이요.

T When I play the music, you're going to walk around. When I stop the music, you should get together with a friend next to you and form two-letter words. But those two cards must be in different colors: yellow and blue. The order can be yellow-blue, or blue-yellow. Everyone, stand up!

Ss STEP 3 활동 시작

(음악을 들으며 돌아다닌다.) Get your partner and make two-letter words.

T STEP 4 두 글자 조합

(음악을 끄며) Get your partner and make two-letter words.

254

Ss (자음-모음 또는 모음-자음으로 두 글자를 만든다.)

T STEP 5 해독 확인

In pairs, read your words aloud.

Ss (짝끼리 두 글자 단어를 읽는다.)

T I'll check your answers one by one.
(첫 번째 짝 앞에 서서) Pair 1, read your word.

P1 (ik 글자를 만들어) /ɪk/.

T Good. Next, Pair 2?

P2 (ta 글자를 만들어) /tæ/.

박희양 멘토의 Tip

 학생수에 맞춰서 활동에 사용할 모음/자음 카드 숫자를 정합니다. 균등한 숫자여야 짝을 이루어서 CV 또는 VC 조합으로 글자를 조합할 수 있습니다. 만약 학습자의 수가 홀수라면 교사가 참여하여 숫자를 맞추도록 합니다.

 블렌딩 학습놀이를 원활하게 진행하기 위해서는 학생들이 자음과 모음을 구별할 수 있어야 합니다. 학생들이 자모 개념을 이해하기 어려워하면 활동 초반에는 카드를 색깔로 구분할 수 있습니다.
(초반) **T** 노란 카드와 파란 카드가 만나야 해요
(후반) **T** 자음과 모음이 만나야 해요.

 같은 방식으로 세 글자 조합도 가능합니다. 이 경우 모든 학습자가 자음과 모음 카드를 각각 하나씩, 총 두 장의 카드를 받습니다. 음악이 멈추면 가까운 세 명이 만나고 자신이 가지고 있는 자음 또는 모음 카드를 적절히 조합해서 CVC 세 글자를 만듭니다.

학습놀이 11-5

파닉스 주사위
Phonics Dice

OBJECTIVES 학습자는 랜덤으로 조합되는 CVC 단어를 읽을 수 있다.

MATERIALS 첫소리 자음 주사위, 모음 주사위, 끝소리 자음 주사위, 활동지

IN-CLASS PROCEDURE

STEP 1 활동지 배부
학생들이 활동지를 한 장씩 받는다.

STEP 2 주사위 던지기
학생 세 명이 앞으로 나와서 주사위를 하나씩 받는다. 하나-둘-셋 구령에 따라 동시에 던진다.

STEP 3 알파벳 적기
주사위를 던진 학생들이 주사위를 윗면을 학급에 보여주면서 알파벳 이름을 큰 소리로 말한다. 다른 학생들은 자신의 활동지 <자음-모음-자음> 칸에 각 알파벳을 쓴다.

STEP 4 CVC 해독
알파벳 음소를 조합해서 다같이 큰 소리로 세 글자 단어를 읽는다.

STEP 5 활동 반복
다른 세 명의 학생들이 나온다. STEP 2~4를 반복한다.

STEP 6 전체 단어 읽기
활동지가 다 채워지면 다같이 전체 단어를 한 번 더 읽는다.

SAMPLE LESSON

T **STEP 2** 주사위 던지기

S1, S2, and S3. Are you ready? On the count of three, toss your dice. One, two, three.

Ss (각자 자기 주사위를 던진다.)

T S1, will you pick up your dice and show your alphabet to the class? Say its name as well.

S1 (주사위 알파벳을 보여주며 이름을 말한다.) <d>.

T **STEP 3** 알파벳 적기

Everyone, write down this alphabet in the first box. S2, it's your turn.

S2 (주사위 알파벳을 보여주며 이름을 말한다.) <a>.

T Write this letter in the middle box. S3, go ahead.

S3 (주사위 알파벳을 보여주며 이름을 말한다.) <n>.

T Write this letter in the last box. Now, you have a three-letter CVC word.

STEP 4 CVC 해독

Now will you say the sounds of these three letters?

Ss /d/-/æ/-/n/.

T Right. Let's put them together and read the word.

Ss /dæn/.

T Excellent. Now, who wants to go next? Three students.

박희양 멘토의 Tip

 첫소리/끝소리 자음 주사위를 만들 때 다음을 고려하여 자음을 선택합니다.
- 첫소리에 <w>, <y>가 오면 이제 막 블렌딩을 배우는 학생들은 해독이 어려울 수 있으므로, 첫소리 자음 주사위에 이를 포함시키지 않습니다.
- 학생들은 <c>, <g>의 대표 음소를 경음hard sound인 /k/, /g/로 배웁니다. 하지만 <c>, <g> 뒤에 모음 <e>, <i>가 오면 연음soft sound인 /s/, /dʒ/로 발음이 되므로, 첫소리 자음 주사위에 이 두 자음을 제외하는 것이 좋습니다.
- qew, xɑr, yih와 같은 단어조합은 영어로 읽을 수 없습니다.
- 무작위로 CVC 조합이 되었을 때 교육적으로 적합하지 않은 단어가 나오지 않는지 사전에 검토하도록 합니다.

 각 주사위에 추천하는 자음은 다음과 같습니다.
- **첫소리 자음**: b, d, h, k, l, m, n, p, r, s, t, z
- **끝소리 자음**: b, c, d, g, k, l, m, n, p, s, t, z

 주사위를 완성한 다음 b, d, n, p 아래에 밑줄을 그어 글자가 쓰여진 방향이 혼동되지 않도록 표시합니다.

 단모음은 5개이므로 모음 주사위에 남은 한 면에는 [Any]를 적습니다. [Any]가 나오면 모음 주사위를 던진 학습자가 5개의 단모음 중에서 아무 모음이나 선택할 수 있습니다.

파닉스 땅따먹기
Phonics Flick

OBJECTIVES   땅따먹기 짝활동을 하면서 학습자는 CVC 단어를 읽을 수 있다.

MATERIALS   땅따먹기 활동지, 동전, 두 가지 색깔 색연필

IN-CLASS PROCEDURE

STEP 1 짝활동 준비

활동지를 짝마다 한 장씩 배부한다. 또한 짝마다 서로 다른 두 가지 색깔의 색연필과 동전 하나씩 준비한다.

STEP 2 CVC 해독

짝 중에 첫번째 학생(S1)이 동전을 활동지 [시작]에 놓고 동전을 튀긴다. 동전이 멈춘 곳에 있는 세 글자 단어를 읽는다.

STEP 3 칸 색칠

그 학생의 짝(S2)은 첫번째 학생(S1)이 제대로 읽었는지 확인한다. 잘 읽었다고 S2가 판단하면 S1은 자기가 읽은 단어의 칸을 색연필로 색칠한다.

STEP 4 활동 반복

STEP 2~3를 짝꿍끼리 번갈아 가며 반복하여 진행한다. 자신의 차례가 돌아왔을 때는 이전에 자기 동전이 멈춘 곳에서 동전을 튀긴다.

STEP 5 해독 정확성 확인

교사는 교실을 돌아다니면서 학생들이 정확하게 해독하는지 확인한다.

SAMPLE LESSON

T **STEP 1** 짝활동 준비

You're going to work in pairs. Each pair has one copy of this worksheet.

Ss (활동지를 짝마다 한 장씩 받는다.)

T Do you have colored pencils? You need two different colors for each pair.

Ss Okay! Two different colors.

T Finally, you need a coin. One person from each pair, come out and get one coin from me. Make sure to bring the coins back to me after you're done with this activity.

Ss (짝 중 한 명씩 나와 동전을 받아간다.)

T In pairs, do Rock Paper Scissors to decide who goes first.

Ss Rock, paper, scissors!

T Who goes first? Put your hands up.

Ss Me! Me!

T **STEP 2** CVC 해독

Okay. Put your coin on 시작. Flick your coin.

S1 (동전을 튀긴다. 동전이 ant 단어 위에 멈춘다.) Yes!

T Read your word aloud.

S1 /ænt/.

T Partners, are you happy with that?

S2 Good.

T STEP 3 칸 색칠

Then, you can color the box. 너무 진하게는 칠하지 말아요. You need to see the words. Then take turns.

박희양 멘토의 Tip

 학생들이 동전 튀기기에 집중하여 정작 중요한 세 글자 읽기에 신경을 쓰지 않을 수 있습니다. 교사는 활동 시작 전 이 학습놀이의 목적이 정확하게 세 글자 단어를 해독하는 것에 있음을 강조해야 합니다. 활동 중에는 교실을 돌아다니며 학생들의 해독 정확도를 점검하고, 블렌딩을 제대로 이행하지 않는 학생에게는 다시 읽을 것을 지도하도록 합니다.

 동전이 활동지를 벗어나거나 떨어지면 다음 두 가지 중에서 하나를 규칙으로 삼습니다. 학급에 맞게 교사가 판단하여 선택하거나 학생들과 규칙을 정하는 것도 가능합니다.

Option 1: 그 학생은 순서를 잃는다.

Option 2: [시작]에 동전을 놓고 다시 시작한다.

 학습놀이가 끝나면 짝끼리 색칠한 단어를 모두 읽게 하면 더 많은 복습을 할 수 있습니다.

탄탄한 기초 능력
Foundational Skills Consolidation

우리나라 어린 초등 학습자가 알파벳 26개의 개별 음소를 안다고 해서 바로 소리를 조합하여 두 글자, 세 글자를 읽을 수 있는 것은 아닙니다. 한글을 유창하게 읽는 수준이더라도 외국어인 영어 블렌딩에 대한 낯섦이 있기 때문에, 교사는 친절하고 차근차근 영어 블렌딩 원리를 알려줄 필요가 있습니다.

본 책에서 제시하는 대로 교사가 두 글자, 세 글자 소리조합 원리를 명시적으로 시연하고 적절한 시청각자료로 이해를 돕는다면, 이미 한글 문자해독을 경험한 우리나라 학습자는 직관적으로 한글의 자모원리를 영어 블렌딩에 적용할 수 있을 것입니다. 이렇게 학습자가 원리를 터득했다면 다음으로 교사는 낯선 단어들도 포함된 다양한 학습놀이를 활용하여 반복과 연습의 기회를 학습자에게 충분히 제공해야 합니다.

처음 보는 영어 단어를 마주쳤을 때 학습자가 두려워하거나 답답해하는 것이 아니라 '한번 읽어볼래' 또는 '읽어볼 수 있을 것 같은데'라는 적극적인 자세로 도전한다면 영어 학습에 대한 흥미와 자신감 고취와 같은 정의적인 측면에서도 긍정적인 영향을 줄 것입니다. 더불어 실제로 학습자가 성공적으로 해독을 했을 때 '나는 영어를 잘하는 것 같아'와 같은 자아효능감이 강화되어 그 다음 단계의 학습도 열심히 하려는 마음이 생길 것입니다.

본 책은 파닉스 기초 단계인 알파벳 26개의 철자소리 대응관계 바탕으로 블렌딩 원리를 터득하여 학습자가 두세 글자의 영어 단어를 읽는 것에 목표를 두었습니다. 영어 책을 읽기 위해서는 앞으로 가야 할 여정이 더 있습니다. 긴 여정을 성공적으로 마치기 위해서는 기초 체력이 매우 중요합니다. 두세 글자 해독이 자동화되지 않으면 더 복잡한 파닉스 규칙을 배운다 해도 곧바로 단어 해독으로 이어지지 않을 수도 있습니다. 또한 파닉스 규칙이 100% 적용되지 않는 사이트워드sight words에 대한 개념도 명확하게 인지되지 않을 수 있습니다. 영어 문자해독의 긴 여정의 첫걸음을 성공적으로 내딛고 환하게 웃는 어린 학습자의 얼굴을 기대하며 [Part 2. 파닉스 수업 멘토링]을 마무리합니다.

선생님들, 수고 많으셨습니다!

학습놀이용 추천 교구

⭐ **지시봉** Hand Pointer, Doll Massage Stick

특정 단어나 그림을 강조하여 가리킬 때 지시봉이 필요하다. EVA소재의 손가락 지시봉이 일반적이지만, 해당 소재는 약해서 오래 쓸 수가 없다. 경험상, 천 소재의 인형이 달린 안마봉이 내구성 측면에서 효율적이다.

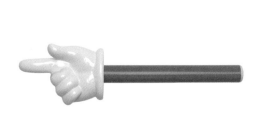

⭐ **뿅망치와 파리채** Squeaky Hammer & Fly Swatter

단어치기 등의 활동에 사용할 수 있는 재미도구이다. 치기 활동에 사용되는 만큼 수명은 길지 않다. 처음부터 여분을 구입해 두는 편이 좋다.

⭐ 화살돌림판 Arrow Spinner

다트판처럼 배경을 만들어 필요한 알파벳이나 단어를 적어 놓고, 화살돌림판을 그 위에 올려 활동할 수 있다. 알파벳 학습이나 파닉스 학습에 모두 유용하다.

⭐ 주사위 Dice

알파벳과 파닉스 학습에 보드게임을 적용하여 주사위 굴리기 활동을 할 수 있다. 천소재와 EVA 소재 모두 다양한 크기의 주사위가 있으니 활동 규모에 따라 선택한다. 플라스틱 소재의 주사위를 사용할 때는 천소재의 주사위 받침반을 함께 사용하면 주사위를 굴리는 범위를 지정하고 시끄러운 소리를 방지할 수 있다

★ 화이트보드 Whiteboard

교실에서 사용할 수 있는 화이트보드는 생각보다 다양하다. 용도에 적합한 제품을 활용한다.

일반 사각 화이트보드
Regular whiteboard

일명 '골든벨' 보드로 알려져 있다. 개인용으로는 A4사이즈, 모둠 활동에서는 40cm×60cm 정도가 적합하다. 일반적으로 학생이 답을 쓰고 교사에게 보여주는 용도로 활용되지만, 뒷면에 자석처리가 되어 있어서 학생의 활동결과를 그대로 칠판에 붙일 수 있는 제품도 있다.

탁상용 양면 화이트보드
Desktop foldable whiteboard

반 사각 보드 2개가 붙어 있는 서류가방 형태로, 세울 수 있는 제품이다. 학생이 마주보고 앉은 형태에서 다양한 활동을 할 수 있다.

손잡이 화이트보드
Dry erase paddle

가벼운 제품으로 어린 학생들과의 활동에 적합하다.

자석형 낱말 카드 '메모잇'
Dry erase magnetic label

단어 읽기나 문장 만들기(unscrambled sentence) 활동에 적합하다.

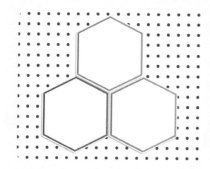

육각 보드
Hexagon magnetic board

두께감 없이 납작하다. 잘 밀리지 않아서 파리채 치기 활동에 적합하다. 일반적으로는 토의토론용 보드로 알려져 있다.

화이트보드 구입시 유의점

- 화이트 보드 앞면에도 자석이 붙는 것과 붙지 않는 것이 있다. 골든벨 용도 뿐만 아니라 개인이나 모둠별 알파벳 자석 활동에도 활용하고 싶다면, 자석이 붙는 제품으로 구입한다.
- 고무판 화이트보드도 있다. 여러 장점이 있지만, 판 형태의 화이트보다 내구성이 떨어진다.

★ LCD 쓰기 그리기 태블릿 LCD Writing Tablet

태블릿 형태로 생겼지만, 다른 기능 없이 쓰거나 그리고 지우기만 가능하다. 작성된 내용을 버튼 하나로 바로 지울 수 있기 때문에 편리하다. 화이트보드에 따른 부수적인 준비(보드마커, 지우개)가 번거롭다면, 이러한 제품도 활용할 수 있다.

⭐ 알파벳 자석 Alphabet Magnets

시중에는 다양한 알파벳 자석이 있다. 어떤 활동을 계획하였는가에 따라 적합한 크기와 형태를 선택한다.

크기	대형	알파벳 하나하나에 초점을 두거나 알파벳 3~4개 정도의 CVC*, CVCC, CCVC 기초 단어 기반 전체 활동을 한다면, 알파벳 자석의 크기는 클수록 좋다.
	중형	전체 활동을 하더라도 단어 기반의 활동에서는, 알파벳 자석의 크기가 작아질 필요가 있다.
	소형	개인 활동에서만 사용한다.
형태	알파벳 원형	상하좌우 회전을 통한 형태 인지 활동에는 알파벳 모양 그대로의 자석을 활용한다.
	타일형	단어 수준의 끝말잇기 같은 활동을 할 때는 타일형 자석이 편리하다.

---

* C는 consonant(자음), V는 vowel(모음)이며, CVC, CVCC, CCVC는 한 단어에 있어 자음과 모음의 결합 구조를 의미한다. 영어 단어의 가장 기본적이고 기초적인 형태로, 각각의 예로는 cat, bank, stop 등이 있다.

- 제품에 따라 알파벳의 형태나 크기가 다르다는 점에 유의한다.
- 일반적으로 대문자와 소문자 자석이 별개로 판매된다. 대문자는 기본 1통이면 충분하지만, 소문자는 최소 2통은 있어야 단어 활동 시 모음의 수가 부족하지 않다. 또는 소문자 모음만 리필 제품을 구입한다.
- 소문자 형태에 있어 비례가 정확한 자석을 선택해야 한다. 예를 들어, 소문자 b는 소문자 c의 두 배 길이로 위 부분이 길어야 하고, 소문자 g는 소문자 c의 두 배 길이로 아래 부분이 길어야 한다는 것이다. 소문자 i와 j에 있어서도 점이 찍히는 높이가 일치하고 길이 비율이 맞아야 한다.
- 자석의 강도를 확인한다. 강도가 약한 자석은 칠판에 안정적으로 고정되지 않아 교실 활동에 적합하지 않다.

⭐ 화이트보드 주사위 Dry Erase Blocks

쓰고 지울 수 있는 주사위를 사용하여, 학습목표에 따른 알파벳을 직접 적어 넣으며 활동할 수도 있다.

⭐ 파닉스 플립 차트 Phonics Flip Chart

탁상 달력처럼 생겼다. 일반적으로 한 면은 3분할되어 있으며, 자음(군), 모음(군)을 한 덩어리로 취급하여 학생들이 단어 구조(CVC, CVCC, CCVC 등)를 익히고, 알파벳 조합에 따라 단어로 읽어가는 연습을 한다.

⭐ 파닉스 큐브 Phonics Cubes

주사위의 한 면마다 개별 알파벳 또는 알파벳 군을 제시하고, 이의 조합에 따라 단어로 읽어간다. 파닉스 플립 차트와 같은 목적을 지니나, 보다 학생의 참여가 가능하고 궁금증을 유발할 수 있다. 어린 학습자나 에너지가 많은 학습자에게 적합하다.

⭐ 뽑기 상자 Lucky Draw Box

영어 수업에 다용도로 활용이 가능하다. 알파벳 자석을 넣고 준비하여 단순한 추측 후 뽑기 활동이 가능하며, 형태 맞추기 등의 감각 활동에도 사용할 수 있다. 자음과 모음을 분리해서 넣는다면 파닉스 활동에도 적용 가능하다. 모든 면을 막아 둘 수도 있지만, 교사만 볼 수 있는 한 면을 투명하게 처리하여 교사가 학생의 활동을 보면서 적절한 멘트를 할 수도 있다.

알파벳 파닉스 수업멘토링

초판 1쇄 발행 2024년 2월 16일

지은이 시원스쿨어학연구소
펴낸곳 (주)에스제이더블유인터내셔널
펴낸이 양홍걸 이시원

홈페이지 www.siwonschool.com
주소 서울시 영등포구 영신로 166 시원스쿨
교재 구입 문의 02)2014-8151
고객센터 02)6409-0878

ISBN 979-11-6150-814-6 13740
Number 1-020606-23262620-06